Kurt Schleucher, Adelbert von Chamisso

Adelbert von Chamisso. Ausschnitt aus einem Gemälde von *Robert Reinick.*

Adelbert von Chamisso

von Kurt Schleucher

Preußische Köpfe

Stapp Verlag

Die Buchreihe *Preußische Köpfe* erscheint unter der Schirmherrschaft des Präsidenten der Stiftung Preußischer Kulturbesitz, *Dr. Werner Knopp*.
Sie wird herausgegeben von *Heinz Ohff*.
Die grafische Gestaltung besorgt *Christian Chruxin*.

Bildnachweis:
Archiv für Kunst und Geschichte S. 2, 6 oben, 116, 152,172.
Alle übrigen Abbildungen aus dem Archiv des Autors.

Satz: Offizin Hümmer, Waldbüttelbrunn
Druck: Movimento, Berlin
Bindearbeiten: Heinz Stein, Berlin
ISBN 3 87776 172 0

Inhalt

1	Fast eine legendäre Gestalt	7
2	Flucht nach Deutschland	11
3	Fähnrich und Autodidakt	21
4	Der Nordsternbund	29
5	Kriegsdienst	53
6	Das Blatt gerissen vom Baum	71
7	Feder oder Schwert	95
8	Nach Schlemihlium	103
9	Ausfahrt	113
10	Erdumsegelung	121
11	Fruchtbares Dezennium	145
12	Nichts dem Leben schuldig	161
13	Zeitrosen	173
	Literaturhinweise	177
	Zeittafel	179
	Namensregister	185

Der Eingang des Botanischen Gartens (heute Heinrich von Kleist-Park) in Berlin-Schöneberg. Foto um 1890. Links: Adelbert von Chamisso. Zeichnung von *E. T. A. Hoffmann,* 1805.

1 Fast eine legendäre Gestalt

Adelbert von Chamisso wurde achteinhalb Jahre vor der Französischen Revolution geboren und starb neuneinhalb Jahre vor der Deutschen Revolution. Geburtsort war ein Schloß in der Champagne, Sterbeort ein Haus in Berlin. Seine Eltern stammten aus Frankreichs konservativem Adel. Der Comte Louis Marie de Chamisso ließ seinen vierten Sohn auf die Namen Louis Charles Adelaide taufen, Louis zu Ehren des Königs Ludwig XVI., Charles nach einem Vorfahren, Adelaide individuell.

Die Taufe ist datiert auf den 31. Januar 1781. Der Geburtstag wurde nicht registriert und blieb Chamisso selber unbekannt. Das kleine Geheimnis, mißlich nur für Astrologen und Bürokraten, erscheint indessen symbolisch für das Weiterleben des Dichters im Gedächtnis der Nachwelt: sie kennt ihn, aber weiß wenig von ihm; sie schätzt ihn, kann den Wert seines Werkes aber kaum begründen; sie erinnert sich, daß er aus Frankreich kam und ein Deutscher wurde, aber die Spuren seines Lebens sind ihr verdunkelt. Sein Name ist dennoch vielen vertraut. Sie sprechen ihn aus in der Freude am Wohlklang, eingedeutscht mit Betonung auf der zweiten Silbe: Chamisso.

Den französischen Vornamen änderte Chamisso früh in den deutschen Adelbert. Die Familie war vor den französischen Revolutionären nach Deutschland geflohen und fand Aufnahme in Berlin. Hier wurde der Fünfzehnjährige Page am Hof der Königin Friederike Louise. Dann diente er im preußischen Heer, zuerst als Fähnrich, später als Leutnant, gewann Varnhagen von Ense zum Freund, lernte durch ihn junge Dichter kennen.

Nach den Siegen Napoleons über Preußen reiste Chamisso nach Frankreich, geriet in den Kreis der oppositionellen Madame de Staël und lebte bei ihr auf Schloß Chaumont, später auf Schloß Coppet am Genfer See. Hier wandte er sich der Botanik zu. 1812 kehrte er nach Berlin zurück und begann an der Berliner Universität das Studium der Naturwissenschaften. Während des Befreiungskrieges, an dem er als Franzose nicht auf deutscher Seite teilnehmen konnte („Ich hatte kein Vaterland mehr oder noch kein Vaterland"), zog er sich mit Wissen seiner Freunde und Professoren in ein Asyl nahe Berlin zurück. Hier schrieb er „Die wundersame Geschichte des Peter Schlemihl". Im Spätherbst 1813 nahm Chamisso sein Studium an der Berliner Universität wieder auf, entsagte völlig dem Dichten, widmete sich intensiv der Naturwissenschaft, um den Zeitverlust während der vergangenen Jahre auszugleichen. Nebenher trieb er philologische Studien.

1815 ergriff er die bislang größte Chance seines Lebens: Teilnahme als Naturforscher an einer Erdumsegelung. Drei Jahre lang, bis 1818, reiste er auf dem russischen Expeditionsschiff „Rurik" durch die nördlichen und südlichen Breiten der Erde und kehrte mit reicher wissenschaftlicher Ausbeute zurück. Im Oktober 1818 betrat er in Swinemünde wieder deutschen Boden, „Heimkehrer fernher, aus fremden Ländern", wie er dichtete, der die „deutsche Heimat" wie ein lange umgetriebener Odysseus mit Tränen der Freude begrüßte.

Von nun an fühlte sich der bald Vierzigjährige ganz als Deutscher. Er wurde seßhaft in Berlin. Die Universität verlieh ihm die Würde eines Doctor honorarius der Philosophie, der Staatskanzler berief ihn zum Kustos beim Botanischen Garten und eine junge Frau wählte ihn zum Gemahl. Chamisso war solide glücklich. Das Dezennium von 1820 bis 1830 war die allseitig fruchtbare Zeit seines Lebens. Jahr um Jahr veröffentlichte er wissenschaftliche Schriften und hielt Vorträge auf Kongressen. Seine Forschungsergebnisse auf den Gebieten Botanik, Zoologie, Geologie und Pflanzengeographie gewannen ihm hohes Ansehen bei den Gelehrten diesseits und jenseits der Grenzen. Seine naturwissenschaftlichen Publikationen erreichten den doppelten Umfang wie sein dichterisches Opus.

Dennoch: den in der Fachwelt weithin bekannten Wissenschaftler sah das Volk nur als Dichter. So kannten sie ihn, so wollten sie ihn, den hochgewachsenen Mann mit dem edelgeprägten Gesicht und den auf die Schultern fallenden Locken – ein Romantiker, wie ihn die biedermeierlichen Leser sich wünschten, wie sie seine Verse empfanden: wohltuend dem Gemüt, anregend den Geist und so klangvoll deutsch, wie sie es von ihrem Uhland kannten.

Chamisso, einer der im 19. Jahrhundert meistgelesenen deutschen Lyriker, war er ein Romantiker? Seine Naturidyllen und seine Liebeslieder, seine zarte Melancholie und seine schwärmerische Lust scheinen es zu bezeugen. Doch er war auch ein Rationalist, ein kühler Aufklärer, ein geistiger Jünger Rousseaus, Voltaires, Diderots. Er hatt die Ideale der Französischen Revolution in sein bürgerliches Rechtsbewußtsein aufgenommen und wollte das Königtum demokratisch überwunden sehen. Als klarsichtiger Prophet erkannte er die Zukunft sozialer Befreiung, als Mann des Fortschritts begrüßte er die Errungenschaften des anhebenden technischen Zeitalters. Zugleich warnte er vor eilfertigen Umstürzen, die sinnvoll Gewachsenes vernichten könnten. Maßvoll, behutsam wollte er die Freiheit des Volkes gegenüber der Regierungsmacht gefestigt wissen und durch einen Klärungsprozeß bewußtes Allgemeingut werden lassen. Der sozialrevolutionäre Sturmschritt des „Jungen Deutschlands“ der Büchner, Freiligrath, Herwegh war nicht seine Gangart. So blieb er ein Einzelner, wenn auch kein Fremder, ein Vielgenannter, wenn auch oft Verkannter.

In einem der besten Bücher über jene Epoche, im Buch der Ricarda Huch „Die Romantik“, ist Chamisso nur einmal nebenbei erwähnt, als Nebensitzer von Tieck, Fouqué und Hoffmann während eines Diners in Berlin. In dem ganzen Buch nur die drei Silben seines Namens, als ob er nicht zum Thema gehöre. Kein Wort über den Autor, der mit seinem „Peter Schlemihl“ schon früh Weltruhm gewonnen hatte und auf Dauer einen ehrenvollen Platz in der Literaturgeschichte innehat.

Hier werden nach wie vor seine berühmten Gedichte genannt: „Schloß Boncourt“, der Abgesang auf die Stätte seiner Geburt, „Das

Riesenspielzeug", die Robinsonade „Salas y Gomez", der Zyklus „Frauen-Liebe und Leben" und als das bekannteste „Die alte Waschfrau". Wenn dieses Loblied auf treue Pflichterfüllung im Zeitalter der Waschmaschine antiquiert erscheinen mag, so besitzt es einen um so höheren Wert als ein erster Vorgriff auf die spätere sozialengagierte Literatur.

Generationen des 19. Jahrhunderts lasen und lernten Chamissos Gedichte. Noch in der ersten Hälfte unseres Jahrhunderts war er in den Lesebüchern der Schulen präsent. Heute wissen die Jüngeren keine Verse mehr von ihm zu zitieren, und den meisten Älteren scheint der Peter Schlemihl auf Siebenmeilenstiefeln entlaufen. Doch Verleger wagen es immer wieder, Chamisso herauszubringen, in Anthologien und Auswahlen oder die „Reise um die Welt". Sein literarisches Gesamtwerk nahm „Die Bibliothek deutscher Klassiker" mit zwei Bänden auf. Selbst Sammlungen der naturwissenschaftlichen Schriften erschienen in letzter Zeit. Sie sind damit dem Doppelengagement des schreibenden Chamisso endlich gerecht geworden im Sinne seiner Selbstfixierung: „Ich habe immer einen Fuß in der Botanik und einen in der Literatur." Der Kenner findet also nach wie vor Kostbarkeiten.

Chamissos Weg aus dem Mutterland Frankreich ins erwählte Vaterland Deutschland, aus der angeborenen Sprache seiner Heimat in die ihm eingelebte Sprache seiner Dichtung, seine Wanderung durchs Feld der Wissenschaft und den Hain der Poesie, sein Umgang mit Zeitgenossen und seine Reaktion auf den Zeitgeist, sein Schreiben und Handeln fügen sich zum Bildnis dieser fast legendären Gestalt.

Am Ende seines Lebens, taggenau fünf Vierteljahre nach dem Tod seiner Frau, hinterließ er sieben Kinder. Liebevoll hatte er sich eine große Familie geschaffen und ein noch weiteres Reich des wirkenden Wortes. Er starb am 21. August 1838. Die 150. Wiederkehr dieses Tages dürfte den Impuls ausgelöst haben, das Werk des Adelbert von Chamisso in seiner Breite und Höhe neu für unser Volk zu entdekken.

2 Flucht nach Deutschland

Chamissos Geburtstag ist unbekannt. Er selber wußte ihn nicht. Die Familie des Comte *Louis Marie de Chamisso* hielt den Tauftag für wichtiger, den 31. Januar 1781. Unter dem Namen Louis Charles Adelaïde wurde der Säugling in die katholische Glaubensgemeinschaft aufgenommen. Der Taufakt bestimmte die Eingliederung in ein konservatives Weltreich der Religion. So wollte es der königstreue Vater. Zwei ältere Söhne sandte er *Ludwig XVI.* als Leibpagen, den dritten Sohn ließ er in den Dienst der Kirche eintreten, über den jüngsten wollte er zu gegebener Stunde entscheiden.

Niemand in Frankreich ahnte damals, daß Kirche und Königtum schon in naher Zukunft tödlich bedroht sein könnten. Das Jahr 1781 war eines der letzten äußerlich ruhigen Jahre Europas. Die Hydra der Revolution war aus der schlammartigen Stille noch nicht emporgetaucht. Ihre geistigen Vorbereiter wurden als interessante Schriftsteller genossen. Sie boten den Salons der französischen Aristokratie willkommenen Gesprächsstoff. *Rousseau, Voltaire, Diderot* schienen nur geistige Reizkost zum Amüsement der Gegenwart zu bieten, doch keine Erkenntnisse für die Zukunft. Die eleganten Plauderer bei Hof und auf den Schlössern schmeckten nicht den herben Saft der neuen Schriften, der die Wurzeln des Umsturzes unhörbar keimen ließ.

Wäre der Reisende mit seiner Zeitmaschine, wie ihn der Engländer *H. G. Wells* rund ein Jahrhundert später erfand, damals aus der Zukunft in das Jahr 1781 zurückgekehrt und hätte vermeldet: das Königspaar wird hingerichtet, die Guillotine wird in Paris den öffentlichen Massenmord ermöglichen, Revolutionskriege kommen, die napoleonischen Kriege, die Freiheitskriege – beim Aufzählen der längst noch nicht erfundenen Namen wäre der Berichter sicher als Phantast verlacht worden. Niemand verstand, den Seismographen der Zeit zu lesen, niemand hörte die unterirdischen Schubkräfte rumoren. Frankreichs Thron schien fest zu stehen, so fest wie die Kirche auf dem Felsen Petri und so fest wie die Schlösser des französischen Adels, unter ihnen das Schloß Boncourt in der nördlichen Champagne.

Hier wuchs ein Kind auf, das früh seltsame Eigenschaften zeigte. Gern sonderte es sich ab, entzog sich den Geschwistern, den Blicken der Eltern, der Aufsicht der zerknitterten Madame *Compieu*. Sie hatte schon seine Mutter erzogen und wollte jetzt mit derselben trockenen Strenge den kleinen Chamisso aufziehen. Er wehrte sich gegen die einengende Alte, die nichts von seiner kindlichen Phantasie verstand, ihn hinter den Schloßmauern festhalten wollte. Er entwischte ihr in den Garten, in den nahen Wald zu den ersten Freunden seines Lebens, den Pflanzen. Wie wenige Jahre vor ihm der kleine *Alexander von Humboldt* im Tegeler Forst bei Berlin Blumen und Gräser sammelte und zu Hause ordnete, deshalb der „kleine Apotheker" genannt, so suchte und sammelte der kleine Chamisso seine Schätze im Zauberreich der Natur. Hier war er glücklich. Die Passion des späteren Erwachsenen für die Botanik keimte schon in dem kindlichen Pflanzensucher. Im Familienkreis nannte ihn die kritische Mutter „wortkarg und ungesellig". Wie *Humboldt* auf Schloß Tegel verbrachte Chamisso eine bedrückte Kindheit auf Schloß Boncourt.

Ein Jahrzehnt vor seiner Geburt hatte sich Frankreichs Aufklärungsphilosoph *Rousseau* in ähnlicher Weise in der Pflanzenwelt ergangen wie der Knabe in der Umgebung von Schloß Boncourt. Als Erwachsener wird Chamisso lesen, wie *Rousseau* in seinen „Bekenntnissen" das vertraute Zusammensein mit den

Kindern Floras beschreibt. Er wird nacherleben, was einmal starkes kindliches Gefühl war und erster zaghafter Gedankenzugriff. *Rousseau* schrieb: „In Wald und Feld lässig umherschweifen, unbewußt bald hier, bald dort eine Blume, einen Zweig pflücken, tausendmal dieselben Dinge und stets mit demselben Interesse beobachten, das ist es, womit ich die Ewigkeit zubringen könnte, ohne mich einen Augenblick zu langweilen." Solche Sätze könnte auch Chamisso später geschrieben haben, gleiche Bekenntnisse gleichgestimmter Naturfreunde.

Ob der Knabe jemals auf Schloß Boncourt den Namen *Rousseau* hatte nennen hören, wissen wir nicht. Gewiß aber können wir sagen, daß die Namen *Lessing* und *Kant* noch nicht zu ihm gedrungen waren. Dennoch sind die erst einmal zeitlichen Beziehungslinien auffallend deutlich: Das Geburtsjahr Chamissos ist das Sterbejahr *Lessings* und das Erscheinungsjahr von *Kants* „Kritik der reinen Vernunft". Beider Ideenwelt, die des Dichters wie die des Philosophen, wird Chamisso studieren auf seinem Weg, im deutschen Denken heimisch und in Deutschland als Deutscher seßhaft zu werden.

Welcher Prophet hätte eine solche Entwicklung vorausschauen können? Die Chamissos waren keine Hugenotten, die in fremdem Land eine neue Heimat suchten und dort tüchtige Staatsbürger wurden. Schloß Boncourt, auf einem Hügel weithin sichtbar, erschien als festgefügter Hort einer uralten Adelsfamilie, die einst aus Lothringen in die Champagne gekommen war. Selbstbewußt residierten die Chamissos auf Boncourt in dem konservativen Glauben an die Stabilität von Stand und Besitz.

Die Französische Revolution erschütterte diese scheinbare Gewißheit und zerstörte sie schnell. Vor der sich rasch ausbreitenden Aristokratenverfolgung floh Graf *Chamisso* mit seiner Familie zuerst nach Châlon-sur-Marne, heute durch seinen Champagnerhandel bekannt, im Altertum als Catalaunum berühmt. In dieser Gegend, den Catalaunischen Feldern, hatten Römer und Westgoten den Hunnenherrscher Attila besiegt und seine Horden aus Gallien verjagt. Würde es gelingen, auch die Horden der Revolution aus Frankreich zu vertreiben? Die irrlichternden Hoffnungen verglommen jäh, als König *Ludwig XVI.* im Jahr 1792 für abgesetzt erklärt und gefangengesetzt wurde. Jetzt wählte auch die Familie *Chamisso* den Fluchtweg ins Ausland. Über die Niederlande gelangte sie zunächst nach Düsseldorf.

Der Knabe Chamisso war dreizehn Jahre alt. Er fühlte sich verpflanzt in eine städtische Steinwelt ohne nährenden Boden. Hier konnte er nicht botanisieren wie im Garten Boncourts und im Wald rund um das Schloß. Seine Phantasie entdeckte ein neues Feld, das Spielfeld der Wörter. Bald pflückte er hier die ersten Reime, kindliche Erinnerungen an seine verlassene heimische Welt. Diese frühen französischen Verse nannte er (übersetzt): „Die Augen meiner Phantasie begeistert auf die Kindheit gerichtet." Neben der zarten Liebe zur Botanik war die stille Lust am Dichten erweckt.

Düsseldorf als Zwischenstation auf der Fluchtroute war Anfangsstation eines noch unsichtbaren Weges. Mehr noch: die Stadt bedeutet in Chamissos Biographie ein Symbol. Von hier zog die Familie ins innere Deutschland. Sie überquerte den Rhein, sie setzte über. Zum ersten Mal war Chamisso ein Übersetzer (der Ton noch auf der ersten Silbe), er wird es lebenslang bleiben: ein leibhaftiges Bindeglied zwischen Frankreich und Deutschland, zwischen seinem angestammten Mutterland und seinem erwählten Vaterland. Hier wird er Übersetzer sein (jetzt mit dem Ton auf der dritten Silbe), wird als geistiger Brückenbauer die Deutschen mit zeitgenössischer Dichtung der Franzosen bereichern. Bescheiden wird der Mann Chamisso das Seine tun; selbstbewußt setzte der Knabe von 1794 unter sein erstes Gedicht: „Chevalier de Chamisso im Alter zwischen dreizehn und vierzehn Jahren."

Während die Familie *Chamisso* auf der Flucht unterwegs war, versteigerten die Sansculotten den zurückgelassenen Besitz im Schloß Boncourt und ließen alsdann die Mauern niederreißen. Kein Turm, kein Tor sollte künftig an diesen Ort der Aristokratenherrschaft erinnern. Dennoch steht das Schloß noch immer als klargezeichnetes Bild vor unseren Augen. Jahrzehnte nach der Vertreibung schrieb Chamisso, nachdenklich schüttelnd „mein greises Haupt", sein Gedicht „Das Schloß Boncourt". Er sah die Szene seiner Kinderjahre, als ob er noch dort lebe.

So stehst du, o Schloß meiner Väter,
Mir treu und fest in dem Sinn.

Er sieht die Türme, die Zinnen, die steinerne Brücke, das Tor und die Löwen mit Wappenschild, Zeichen des stolzen Selbstverständnisses uradeligen Herrentums. Er sieht auch die Sphinx, wie sie am Brunnen erhaben ruht und den Beschauer aus Rätselaugen anblickt. Wie von selbst gleiten biographische Züge in das Erinnerungsbild: der erste Traum hinter den Schloßfenstern, dem viele Dichterträume folgen werden; die Einsicht, daß Schlösser verschwinden und gesellschaftliche Strukturen sich ändern.

Und du bist von der Erde verschwunden,
Der Pflug geht über dich hin.

Keine Klage. Starkmütig erhofft er die Früchte der Freiheit:

Sei fruchtbar, o teurer Boden,
Ich segne dich mild und gerührt.
Und segn ihn zwiefach, wer immer
Den Pflug nun über dich führt.

Nicht mehr die Standesgenossen grüßt der zurückschauende Chamisso, sondern den Ackersmann auf einem Boden, der Jahrhunderte vom Gestein der Mauern und Türme zur Unfruchtbarkeit verdammt war. Er selber fühlt sich nun befreit vom Zwang des Besitzes und des Standes, frei,

die Weiten der Erde durchstreifen
und singen von Land zu Land.

Chamissos Weg in die Freiheit der Unbehausten hatte im Troß seiner Eltern begonnen, als die Familie mit geringer Habe das Schloß und ihre Vergangenheit hinter sich ließ, als die Zinnen von Boncourt in der Ferne verschwanden. Von Düsseldorf aus gelangte sie über Würzburg nach Bayreuth. Hier betrat sie preußischen Boden, und hier entschied sich die Schicksalsrichtung des künftigen Preußen Chamisso.

Während des Fluchtjahres 1792 hatte in dem Dorf Valmy zwischen Reims und Verdun am 20. September das preußisch-österreichische Heer eine Kanonade gegen die französische Revolutionsarmee eröffnet. *Goethe* hielt sich im Hauptquartier auf. Er beobachtete den erfolglosen Angriff und den schnellen Rückzug der eigenen Truppen. Sein prophetisches Urteil lautete: „Von hier und heute geht eine neue Epoche der Weltgeschichte aus." Dieses später oft zitierte Wort erreichte damals nur wenige Menschen, schon gar nicht die Emigranten aus Frankreich. Sie erkannten nicht die Zäsur, hielten die Revolution für einen vulgären Zwischenakt ohne Folgen und träumten von der Rückkehr in die alten Verhältnisse.

Was *Goethe* als eine weltgeschichtlich neue Epoche sah, das war – so sonderbar es sich lesen mag – in winziger Proportion dazu auch ein neuer Abschnitt im Leben des Adelbert von Chamisso. Die Flucht aus Frankreich nach Deutschland bestimmte seinen Weg über die nächsten Stationen seines Werdens und Handelns.

Bayreuth, seinem Charakter nach eine bayerische Stadt, gehörte damals noch zu Preußen. Erst 1810 wurde sie bayerisch. Die preußische Verwaltung hatte sich hier auf einem südlichen Vorposten eingelebt und bei den Bürgern eingespielt. Die Beamten erfüllten ihre örtlichen Pflichten und hielten den Blick auf Berlin gerichtet. So war die zentrale Regierungsmacht der preußischen Hauptstadt auch in Bayern zu spüren.

In dieser Stadt lebte damals ein noch unbekannter junger Mann aus Berlin. Er war 26 Jahre alt, diente in der Bergbauverwaltung und träumte von Weltreisen, obwohl er schon fest in die Beamtenhierarchie eingebunden war, *Alexander von Humboldt*. Vielleicht kreuzte der etwa halb so alte Chamisso einmal den Weg des Berliners auf einer Straße Bayreuths. Keiner konnte ahnen, daß sie nach Jahr und Tag zusammenfinden sollten.

Preußens König *Friedrich Wilhelm II.* beförderte mit Patent vom 21. April 1795 den Bergrat *von Humboldt* zum Oberbergrat als „Merkmal unserer Zufriedenheit mit seinen Uns bisher geleisteten sehr rühmlichen Diensten". Ein gutes Jahr später griff derselbe König entschieden in das Schicksal der Familie Chamisso ein. Bislang hatten die älteren Söhne des Grafen, *Hippolyth* und *Charles,* aus den Erträgen ihrer Miniaturmalerei die Familie notdürftig versorgt. Doch auf Dauer bot Bayreuth keine Lebensgrundlage. Berlin, seit langem großzügiger Zufluchtsort der Franzosen, früher der Hugenotten, jetzt der Aristokraten, verhieß Besseres. Gräfin *Marie Anne Gargan* wählte energisch den kürzesten Weg. Sie schrieb an *Friedrich Wilhelm II.* Aus der Not ihrer Lage und im Stil maßvoller Würde bat sie um die huldreiche Genehmigung, den Wohnsitz der Familie Chamisso von Bayreuth nach der Hauptstadt der preußischen Monarchie verlegen zu dürfen, zumal da ihre Söhne *Hippolyth* und *Charles* mittlerweile als Miniaturmaler in Berlin ansehnlich bekannt geworden seien. Die Mutter sandte den Brief an ihre Söhne mit dem Auftrag, das Gesuch dem König zu überbringen.

Friedrich Wilhelm II. war, im Gegensatz zu seinem Onkel und Vorgänger, dem *Großen Friedrich,* ein genußfreudiger Herrscher. Er widerstand selten der Bitte einer Dame und neigte dem weiblichen Geschlecht gern und gnädig sein königliches Ohr. Das wußte auch der alte Graf *Chamisso* und hatte sich deshalb ganz auf die Diktion seiner Frau verlassen. Das Ergebnis gab ihm recht. In galantem Französisch schrieb der König schon am 2. Juli 1796 an Madame *la Comtesse de Chamisso* à Bayreuth: „Madame! Ich habe Ihr Schreiben durch denjenigen Ihrer Söhne erhalten, welcher in einem Talent, das sonst nur zur Annehmlichkeit des Lebens ausgeübt zu werden pflegt, ein ehrenwertes Mittel gefunden, seine Familie zu ernähren. Hat man seine Kinder so erzogen, so muß man ihnen ohne Zweifel mit doppelter Liebe anhängen und doppelt wünschen, ihnen nahe zu sein. Ich erteile Ihnen darum mit Vergnügen die Erlaubnis, mit Ihrer Familie nach Berlin zu kommen, um sich dort in der Nähe von zwei Söhnen niederzulassen, die Sie schon Genugtuung gehabt haben, daselbst angestellt zu wissen. Gott bitte ich um die Gnade, Sie und Ihre Familie durch seinen gütigen Schutz zu segnen." Der König unterzeichnete nicht mit einem schlichten *„Friedrich Wilhelm"*, sondern fürstlich-französisch *„Frédéric Guillaume"*.

Die Familie übersiedelte sogleich nach Berlin. Der Fluchtweg war zu Ende. Louis Charles Adelaïde, in seinem 16. Lebensjahr, stand fragend vor seinem Leben und wußte nicht, wohin mit sich. Von Boncourt bis nach Berlin – welch seltsamer Bogen! Was sollte er als Franzose in Preußen? Seine beiden älteren Brüder, in der Malkunst schon avanciert, verschafften ihm einen Platz in der Königlichen Porzellanmanufaktur. Da saß er nun unter fremden Menschen, wusch Pinsel, rührte Farben an, durfte dann und wann ein paar preußisch-blaue Punkte auf den Henkel einer Kaffeetasse setzen. Noch war er kein Künstler, galt hier nicht mehr als Chevalier, blieb nicht einmal Adelaïde. Das war kein Name für die Berliner Zungen. Vielleicht klang hier zum ersten Mal das mundfertige „Adelbert" auf, vereinfachtes Französisch, der eingedeutschte Rufname. Die Männer an den Maltischen beobachteten den schweigsamen Burschen, aus dem sie nicht klug wurden.

Die Familie befreite ihn. Sie hatte erreicht, daß der hübsche Junge als Page in den Dienst der Königin *Friederike Louise* berufen wurde. Die gebürtige Hessen-Darmstädterin hatte sich vom amourösen Treiben ihres Gemahls distanziert und pflegte die geistig-karitative Seite der Liebe. Deutlicher als die Eltern sah sie in ihrem neuen Edelknaben die Sehnsucht nach Wissen und Bildung. Sie kürzte die Stunden seines Pagendienstes ab und befahl einen kenntnisreichen Erzieher ihres Hofstaates zum Privatunterricht. Adélaïde oder Adelbert, wie er von jetzt an genannt werden darf, erfaßte sofort das hilfreiche System des Lehrens und Lernens. Er sog mit Lust in sich auf, was er hörte und las. Die vertrocknete Madame *Compieu* auf Boncourt hatte ihm phantasielos die Buchstaben und Ziffern beigebracht. Ein gelegentlicher Hauslehrer quälte ihn mit mechanischem Auswendiglernen. Jetzt flutete ein belebender Strom des Wissens auf ihn ein. Verborgen noch regte sich in ihm der zum Universalen strebende Wissenschaftler. Die Königin sah aus dem Schüler schon einen Größeren wachsen. Sie dispensierte ihren Schützling von weiteren Stunden des Pagendienstes und schickte ihn zum öffentlichen Unterricht in das Französische Gymnasium.

Die Weltoffenheit Berlins sicherte ihren französischstämmigen Bürgern eine eigene Bildungsstätte, in der fast schon universitär gelehrt wurde. Hier konzentrierte sich das geistige Leben der Hugenotten. Die Nachkommen der seit 1685 ihres Glaubens wegen ausgewanderten und in Preußen aufgenommenen Flüchtlinge und die Söhne der jetzigen Emigranten fanden sich in dieser pädagogischen Provinz als Gemeinschaft. Der katholische Chamisso fühlte sich unter seinen hugenottischen Mitschülern zu Hause.

Sein Unterricht umfaßte Latein und Griechisch, Naturlehre und Geschichte, Deutsch und Philosophie – sechs Quellgründe, aus denen er sich gierig nährte. Dabei trainierte er sein Gedächtnis, um das Erlernte bis ins einzelne verläßlich zu speichern. Ein Passus aus dem Zeugnis des Jahres 1798 lautet: „Herr von Chamisso, der einige Zeit hindurch die Kurse der Rhetorik und Philosophie verfolgt hat, zeichnete sich von der vorteilhaftesten Seite ganz besonders aus.“ Der Schüler hatte das gütige und gebende Verständnis seiner königlichen Gönnerin voll gelohnt.

Friederike Louise war seit 1797 verwitwet. Nach dem Tod *Friedrich Wilhelms II.* bestieg sein Sohn *Friedrich Wilhelm III.* den Thron. Eine neue Epoche Preußens begann. Chamisso blieb bis 1798 im Haushalt der verwitweten Königin. Dienend verweigerte er sich keiner Pflicht, dienernd sah ihn niemand. Offenherzig doch nicht geschwätzig erfüllte er seine Aufgaben. Konventionelle Glätte lernte er den Hofmännern nicht ab. Geradeaus höflich, nicht umwunden höfisch war einer seiner früh geprägten Charakterzüge.

Die Laufbahn vieler Pagen führte vom preußischen Hof zum preußischen Militär. Der Staat wollte seine Zöglinge nicht loslassen. Auch Chamisso wechselte 1798 über: vom Frauendienst zum Männerdienst. Der nunmehr Siebzehnjährige trat ein in das Infanterieregiment von Götze, garnisoniert unter den Augen des Königs in Berlin.

Der kleine Botaniker von Boncourt, der dichtende Knabe von Düsseldorf, der ratlose Jüngling im Porzellanhaus, der hübsche Page der Königin, der Adept der Wissenschaften im Französischen Gymnasium – jetzt war er Fähnrich unter Preußens Gloria. Das Fähnrichspatent erhielt er am 31. März 1798. Schwert oder Feder, das wird sein Entscheidungsprozeß der kommenden acht Jahre sein.

3 Fähnrich und Autodidakt

Im Jahr 1798, als der Franzose Chamisso in das preußische Heer eintrat, entzündete sich in Europa eine Kette von Kriegen. Die Länder England, Rußland, Österreich, die Türkei, Neapel, selbst der Kirchenstaat schlossen sich gegen Frankreich zusammen. Der erste Koalitionskrieg begann. Britische Schiffe blokkierten Frankreichs Küsten. Admiral *Nelson* besiegte die französische Flotte in der Seeschlacht bei Abukir. General *Bonaparte* kehrte mit seinem Heer ungebrochen aus Ägypten nach Frankreich zurück und bereitete sich vor, die innere und äußere Macht an sich zu reißen.

Preußen schaute zu. Auch beim Zweiten Koalitionskrieg, der ein Jahr später begann, blieb das Land neutral. Die Militärs witterten Kampf und hielten ihre „Kerls" auf Trab. Die Methoden waren Exerzierdrill, Schießübungen und Gewaltmärsche. Für ausgreifende Strategie fehlte dem Generalstab die konstruktive Phantasie. So spielte sich der vorbereitende Kriegsdienst mehr auf den Kasernenhöfen ab als im Manövergelände. In immer kürzeren Abständen rückten neue Rekruten ein. Das kleine Land sollte für die vorauszusehende Kriegszeit genug Soldaten mobilisieren können.

Im Gewimmel der Rekruten, die auf dem Kasernenhof im Laufschritt hin- und hergejagt wurden, fiel ein Fähnrich kaum auf. Die Korporale überschrieen allen Lärm, donnerten mit Kommandos auf die verschreckten Soldaten ein, tyrannisierten die Schwächeren, hetzten die Stärkeren zu noch schnellerem Lauf. Der Fähnrich, ein junger kräftiger Mann, größer, schlanker als die aufgeblähten Korporale, sah mit seinen dichten Locken aus wie ein Zivilist, der sich in die Kaserne verirrt hat. Gelassen studierte er das preußische Ausbildungssystem. Ändern konnte er nichts, also fügte er sich ein, war milde zu den Rekruten, zurückhaltend den kleinen Kommandierern gegenüber, militärisch höflich zu seinen Vorgesetzten.

Seine Schutzherrin, die Königinwitwe *Friederike Louise*, hatte sich über sein Leben unter den Soldaten berichten lassen. Sie war beruhigt, als sie erfuhr, daß der feinsinnige junge Mann auch das rauhe Soldatenhandwerk verstand und von seinem Hauptmann offenbar geschätzt wurde. Erfreut schrieb sie an Chamissos Mutter: „Sie können wohl nichts anderes erwarten als befriedigende Nachrichten über Ihren Sohn. Sein gesetztes Betragen und sein Fleiß machen ihn zu einem Vorbild für seine Waffengefährten."

Chamisso nützte seine freien Stunden zur Lektüre. Er hatte beobachtet, wie die Ideale der adligen Emigranten unter der materiellen Veränderung zerbröckelten. Nun suchte er nach den Gründen der revolutionären Entwicklung und las die Bücher der französischen Aufklärer. Er las sie anders als ihre Nachbeter und Nachbeller, unvoreingenommen aus örtlicher und zeitlicher Distanz. Zuerst wandte er sich *Jean-Jacques Rousseau* zu. Dessen aufrüttelndes Werk „Der Gesellschaftsvertrag" zeigte das Volk als den legitimen Souverän des Staates. Chamisso eignete sich diese bürgerliche Vorstellung an und wird später spöttisch reimen:

Und der König absolut,
wenn er unsern Willen tut.

Der Erziehungsroman „Émile" erinnerte ihn an seine persönlichen Erfahrungen vom Kindesalter an. *Rousseaus* freisinnige Ansicht über die Erziehung des jungen Menschen zum selbständigen Individuum begeisterte ihn. War er nicht selber noch auf dem Weg der Selbstfindung? Immer stärker fühlte er sich hingezogen zu diesem Ausbrecher aus dem Gitterwerk der Konventionen.

Der Naturfreund *Rousseau* stand vor ihm wie eine Idealfigur. Er hörte ihn geradezu das Evangelium der Pflanzenliebe verkünden: „Wie zierlich, wie bewunderungswürdig, wie verschieden der Bau der Pflanzen sein mag – diese beständige Gleichartigkeit und dennoch diese wunderbare Verschiedenheit entzücken nur die, welche schon eine gewisse Vorstellung von der Pflanzenwelt haben."

Chamisso trug diese Vorstellung in sich. Nur war sie in den Kokon der Erinnerung eingewoben, wirkte noch nicht als Impuls für die eine seiner Lebensaufgaben: als Botaniker im grünen Gold zu forschen. „Jeder Grashalm sollte untersucht werden", forderte *Rousseau* und plante, über die Pflanzenwelt ein Buch zu schreiben. Er schrieb es nicht. Chamisso wird es schreiben.

Nach der blutwarmen Lektüre *Rousseaus* wagte sich Chamisso an die vernunftkühlen Essays des Kritikers *Voltaire.* Er hatte in Berlin erzählen hören, wie der Philosoph auf dem französisch benannten Schloß Sanssouci lebte, in einem „Sorgenfrei", solange er dort als Gast des aufgeklärten absoluten Königs weilte. Der *Große Friedrich* konnte in seinem Denken die Synthese Aufklärung und Absolutismus vollziehen, die geschichtliche Entwicklung riß die Begriffe zur scharfen Antithese weit auseinander.

Warum trennten sich schließlich der philosophische König und der unkönigliche Philosoph? Wo staken die persönlichen, wo die sachlichen Gründe? Wer enttäuschte wen? Chamisso suchte nach keiner Antwort. Die eigene Lage und Frage waren sein Problem. Auch er kam aus Frankreich und sah sich immer noch als Gast in Berlin, selbst in der Uniform des einheimischen Regiments. War das Land Preußen ihm auf Dauer bestimmt? Nach wie vor lebte Frankreich in ihm. Er mußte sich klar werden, streng rational, jenseits aller Gefühlsschleier.

Der Philosoph geißelte das Mißverhältnis zwischen Recht und Politik im Königreich Frankreich. Die Rechtsordnung war dem Willen, oft der Willkür des Königs unterworfen. Er gewährte Adel und Kirche das Privileg der Steuerfreiheit und machte damit beide zu flankierenden Bastionen seiner Macht. Vom Volk wurden die Steuern erpreßt. Die Armut der unteren Klassen finanzierte den Luxus der oberen. Die Kirche besaß zudem Einfluß auf die weltliche Justiz. Die Masse war in einem Glaubenskodex namens Staatsreligion gefangengesetzt. Wer ausbrach, wanderte aus dem Glaubensgefängnis ins Staatsgefängnis. So wurden viele Menschen verfolgt, verurteilt, gerichtlich bestraft oder außergerichtlich ermordet. Die Hugenotten haben ihr Schicksal der Welt und Nachwelt vorgelitten. *Voltaire* war ihr Anwalt in seiner radikalen Forderung nach Toleranz gegenüber der Überzeugung des Individuums, insbesondere nach Toleranz gegenüber der Religion des Mitbürgers. Hierin war er sich mit seinem Gesprächspartner in Sanssouci völlig einig. *Friedrich* garantierte seinem Land den Freiheitsraum: in Preußen sollte jeder wählen dürfen, nach welcher Façon er selig werde. Die Luft dieser Freiheit hatte auch Chamisso im Französischen Gymnasium geatmet. Keiner der Hugenotten störte sich an der katholischen Religionszugehörigkeit seines Mitschülers.

Voltaire verlangte, der Vernunft ihren Primat über den Willen zurückzugeben. Das scheint abstrakt formuliert, war aber im Gedankenkern durchaus explosiv. Es bedeutete unerbittlich konkret: die absolute Macht eines einzelnen, mag er König, Zar oder Diktator heißen, ist von der Vernunftgemeinschaft der bislang Beherrschten und Ausgebeuteten abzulösen. Nicht mehr Willkür nach den jeweiligen Absichten des Machtinhabers, sondern Rechtsstaat nach den objektiven Normen der Vernunft. Nicht mehr ständische Privilegien, sondern gleiche Rechtspersonen unter dem Schutz bürgerlichen Rechtszustandes. Einer der ethischen Pfeiler des freiheitlichen Zusammenlebens ist die Toleranz, ein Gut, das in- und außerhalb Frankreichs in politischen und religiösen Verfolgungen zertreten wurde. *Voltaire* konnte dieses Gut wiederbeleben. Der sonst so scharfzüngige

Zyniker, in diesem Punkt war er ein gütiger Missionar, ein unverdrossener Prediger gegenseitigen Verstehens, ein Anwalt der Menschenwürde.

Hier traf der Aufklärer das Herz des jungen Mannes. Was Chamisso über die selbstherrliche Kaste wußte, von der er nur seinen Namen zurückbehalten hatte, was er von Emigranten hörte, die nach der Revolution zurück in ihr Drohnendasein strebten, was er auch hier in Berlin auf dem Kasernenhof sah, auf dem noch immer das Unrecht des Stärkeren mehr galt als das Recht des Schwächeren – all diese Eindrücke sammelten sich ihm als Anschauungsmaterial zu den Schriften *Voltaires.* Das Stichwort, das nicht stach, sondern heilte, das Wort Toleranz aus der Feder des streitbaren Philosphen, vernahm er als eines der Schlüsselworte für – so hoffte er – die neue Generation. *Voltaire* hatte seinen Selbsterkennungsprozeß gefördert. Wer Chamissos Gedichte und Briefe liest, wird die Toleranz als Grundzug seines Wesens finden.

Eigene und aufgenommene Gedanken bestimmen die innere Biographie eines Menschen. Seit Chamisso das Französische Gymnasium besucht hatte, war er ein gründlicher Leser. Seine rezeptive Fähigkeit mehrte schnell den Schatz seines Wissens, sein Urteilsvermögen sonderte sicher die wesentliche Substanz vom vergeßbaren Beiwerk. Die bei *Rousseau* und *Voltaire* gewonnenen Ideen waren formende Kräfte, die ihn zum bürgerlichen Menschen umzubilden begannen. Nun las er einen dritten französischen Autor: *Denis Diderot.*

Voltaire und *Rousseau* waren fast gleichzeitig gestorben, *Voltaire* am 30. Mai 1778 in Paris, *Rousseau* am 2. Juli desselben Jahres im parisnahen Ermenonville. *Diderot* überlebte sie um sechs Jahre. Keiner dieser geistigen Vorbereiter der Französischen Revolution wurde Zeuge des Ausbruchs, des Verlaufs, konnte die gute und böse Umwertung vieler Werte feststellen. Doch ihre Ideen überdauerten ihr Zeitalter: *Rousseau*, der naturnahe Gefühlsmensch, besang den „Idealismus des Herzens“ und gab damit früh der Romantik einen Impuls. *Voltaire,* der frostklare Denker, proklamierte das Freiheitsrecht des Bürgers gegenüber staatlicher Allmacht. Er entfesselte Antriebsenergien für die sozialen Umschwünge des 19. Jahrhunderts. Beider Philosophen Gedanken halfen Chamisso, sich zu einem urteilsfähigen Menschen zu bilden. Stark beeinflußte ihn auch der Aufklärer *Diderot.*

Chamisso, vor kurzem noch Mitschüler der Hugenotten, genoß, als schon freisinniger Katholik, die muntere Verwegenheit *Diderots.* Dieser leidenschaftliche Schreiber hatte sich an die fast übermenschliche Aufgabe gewagt, das Wissen seiner Zeit aus allen Gebieten zu sammeln und darzustellen. Er schuf eines der wenigen Mammutwerke der Weltliteratur: seine Enzyklopädie. Sie prägte jener Epoche den bis heute gültigen Namen auf: Zeitalter der Enzyklopädisten.

Der sechste Band erschien 1756. In diesem Jahr begann König *Friedrich II.* von Preußen seinen Siebenjährigen Krieg gegen Österreich, Sachsen, Rußland und Frankreich um den Besitz Schlesiens. Er gewann das Land, und das vergrößerte Preußen errang bald seinen nächsten Sieg. Unter seinem Herrscher wurde es eine der mitbestimmenden Mächte Europas.

Auch *Diderot* wuchs zu einer europäischen Instanz. Besessen von seiner Idee trieb er sein Projekt voran, schrieb selbst über tausend Beiträge, lud Koryphäen ein zur Mitarbeit, engagierte Dutzende von Fachgelehrten aus allen Wissensgebieten, begeisterte die stillen Helfer, spornte die Drucker, Kupferstecher und Zeichner an, drängte, prüfte, korrigierte, organisierte. Seine Arbeitswut und sein Genie waren die Motoren des monumentalen Unternehmens.

Dennoch verlor er sich nicht in Betriebsamkeit. Der Antreiber war auch ein Mann der sorgsamen Ruhe, achtend auf Qualität, auf Verständlichkeit ohne billige Popularisierung. Sein Augenmerk galt ständig der Objektivität. Ohne Tendenz waren die Fakten wissenschaftlich einwandfrei darzustellen. Zusammenhänge mußten erkennbar sein, nachgeschleppte historische

Irrtümer waren auszumerzen. Statt überkommener Scheinwahrheiten und abergläubiger Vorstellungen brachte er naturwissenschaftliche Ergebnisse und philosophische Erkenntnisse. Die Beiträge über Kunst und Literatur dokumentierten die schöpferische Kraft des von Vorurteilen befreiten Menschen.

Denis Diderot, der Erzenzyklopädist, vollendete die Aufklärung und hinterließ uns ihr kostbarstes Zeugnis. Was im Deutschland des 19. Jahrhunderts die Devise war: Wissen macht frei, Wissen ist Macht – das demonstrierte er für Frankreich schon vor der Revolution. *Goethe* beobachtete mit Sympathie das Anwachsen des εγκυκλιοσ παιδεια, des Bildungskreises, wie der Grieche sagte. Der Franzose gab diesem Kreis den riesigen Radius und weitete seinen Inhalt zur Wissenslandschaft der Welt.

Ein weitblickender Förderer des *Diderot*-Unternehmens war der Preußenkönig. Die Enzyklopädisten nannten ihn schon damals *„Fréderic le Grand“*. Er schrieb am 24. Juli 1775 an *Voltaire* über seine Beobachtungen in Deutschland: „Der Geschmack an Kunst, Bildung, Literatur beginnt sich zu verbreiten. Man muß abwarten, bis die Natur echte Genies hervorbringt. Der Boden, der einen *Leibniz* hervorgebracht hat, kann auch andere erzeugen. Ich selbst werde diese schönen Tage meines Vaterlandes nicht mehr erleben. Aber daß sie kommen können, sehe ich voraus.“

Nicht voraussehen konnte der König, daß der Boden Frankreichs bald einen künftigen preußischen Offizier und deutschen Dichter hervorbringen und daß sich von Berlin aus der Ruhm dieses Künftigen in Europa verbreiten wird. Ebensowenig ahnte dergleichen Chamisso der Fähnrich, als er im letzten Jahr des friderizianischen Jahrhunderts seinen *Diderot* studierte. Ein Kernsatz des Philosophen muß ihn fasziniert haben: „Die Wissenschaft von oberster Bedeutung besteht darin, sich selber gut zu kennen und das Wissen anderen klar und deutlich mitzuteilen.“ Der Dichter Chamisso als Wissenschaftler wird nach dieser Maxime schreiben.

Die Lektüre der drei großen französischen Aufklärer bedeutete für Chamisso geistiges Training. Es stärkte sein Bewußtsein, jetzt seiner selbst sicher geworden zu sein. Phantasie und Ratio suchten die zähe Enge zu durchdringen, die ihn noch umschloß. Zwar sah er noch kein Lebensziel, fand noch keinen Ansatzpunkt für eine Veränderung, doch fühlte er den Durchbruch voraus. Seine äußere Ruhe verbarg eine vibrierende Sprungbereitschaft.

Rousseau hatte die Naturliebe in Chamisso veredelt und ihn jetzt schon zum Botaniker berufen. *Voltaire* hatte ihn die aus der Vernunft geborene Toleranz gelehrt und in seinen Charakter geprägt. *Diderot* hatte ihn mit lebenslanger Lust auf Wissen erfüllt und seinen Drang nach Universalität geweckt. Mit den Gaben des Dreigestirns war das Feld seiner Zukunft eingesät. Zudem hatte *Voltaire* dem jungen Mann einen Rat hinterlassen, der jetzt wieder aktuell war: „Man muß sich mit seinem Jahrhundert zugleich emporheben." In wenigen Monaten würde das 19. Jahrhundert beginnen. Sein Jahrhundert! Chamisso war bereit.

4 Der Nordsternbund

Ein Fähnrich muß die Sprache seines Regiments verstehen, und er muß sie sprechen können. Der Franzose Chamisso schrieb zwar immer noch französisch, aber als Page und Schüler des Gymnasiums hatte er sich ins Deutsche hineingehört und die für seine Zunge schwere Sprache mühsam erlernt. Sein vorläufiges Vokabular genügte für den Kasernenhof. Hier war der Wortschatz beschränkt auf Kommandos, Parolen, knappe Belehrung, Tagesbefehle, Anreden und Anschreien. Die Phantasie für Schimpf- und Schandwörter wucherte. Abstrakte Begriffe außer Treue und Vaterlandsliebe schmeckten wegen mangelnder Anschaulichkeit nicht saftig und mundfertig genug. Zwischen Satzfetzen und Ein-Wort-Befehle mischten sich unartikulierte Töne. Ihre Skala reichte vom drohenden Brummen bis zum niederschmetternden Gebrüll, wie solche Laute allenthalben zu hören sind, wenn Menschen über Menschen ungebremste Kommandogewalt besitzen.

Chamisso vernahm Tag um Tag das schematische Militärdeutsch. Hier konnte er sprachlich nicht weiterkommen. Vielleicht regten ihn gerade die Naturlaute an, den Nuancen und dem Reichtum der deutschen Sprache in der Stille seiner Stube nachzuforschen. Die Lektüre der französischen Texte hatte ihn bislang abgehalten, sich ins Deutsche intensiv einzuüben. Um sich eine zeitgemäße bürgerliche Vorstellung zu bilden, hatte er zuerst die französischen Aufklärer systematisch studiert. Nun wandte er sich der deutschen Literatur zu.

Intuitiv fand er einen Zugang zum Strom deutscher Sprache in dem Dichter *Friedrich Gottlieb Klopstock.* Der lyrisch-musikalische Ton des „Messias“ begeisterte ihn, wie dieses Epos schon viele Einheimische begeistert hatte. Erregt las er die Gesänge, mehr ihrem Wohlklang sich einschmiegend als die grammatische Logik beachtend. Doch dann lernte er im ästhetischen Genuß an den schwingenden Versen auch die kühlere Schönheit syntaktischer Kunst erkennen und bewunderte die Architektur des deutschen Satzbaus.

Fast wie einem Freund dankte er dem Dichter für Einblick in die literarische Werkstatt. Wie der Franzose Chamisso in Deutschland lebte, hatte der Deutsche *Klopstock* in Dänemark gelebt. Konnte er einen besseren Lehrmeister finden als ihn, der wie er selber in der eigenen Sprache zu Hause war und in der anderen heimisch wurde? Chamisso las: „Gebildete Sprachen haben vieles miteinander gemein, und vieles, das sie voneinander unterscheidet. Ich will nur etwas von dem, das einige nachahmungswürdige Sprachen voneinander unterscheidet, anführen. Die feurige bildervolle Kürze der hebräischen Sprache, die Fülle und die angemessenen feinen Bestimmungen der griechischen, den Anstand, die Würde und den hohen Ton der römischen, die Stärke und die Kühnheit der englischen, die Biegsamkeit und die Annehmlichkeit der italienischen. Die Lebhaftigkeit und sorgfältige Richtigkeit der französischen wird die männliche und ungekünstelte deutsche Sprache desto glücklicher erreichen, je freier die Art und je reifer die Wahl sein werden, womit sie nachahmen wird.“

Noch unentdeckt ruhte in Chamisso eine polyglotte Neigung. Griechisch und Latein waren ihm vertraut, Französisch ihm eingeboren, nun kam Deutsch hinzu. Er konnte nicht wissen, daß es seine Sprache als Dichter werden wird. Ebensowenig ahnte er, daß ihn *Klopstock* für die Poesie geradezu einschulte, als er dessen Anweisungen las: „Wenn der Ausdruck dem Gedanken ebenso angemessen ist als der Gedanke dem Gegenstand und dieser nicht allein gut gewählt, sondern auch in einem vorzüglich gefallenden Gesichtspunkt angesehen worden ist; so hat der Dichter allen Forderungen, die man ihm tun kann, genug getan.“

Und: „Man fordert von demjenigen, der unsere Seele zu bewegen unternimmt, daß er jede Saite derselben, auf ihre Art, ganz treffe. Sie bemerkt hier jeden Mißton, auch den feinsten. Wer dieses recht überdacht hat, wird sich oft entschlossen haben, lieber gar nicht zu schreiben.“

Und: „Das Schwerste für den Verfasser und den Beurteiler jedes größeren Gedichts ist der Grundriß des Ganzen. Das Wesentlichste dieses Grundrisses ist, Einfalt und Mannigfaltigkeit auf eine Art verbinden, die großen Endzwecken angemessen ist; eine gewisse Hoheit in die Hauptidee des Gedichts bringen; dic kühne Erfindung eben an ihre Grenzen, und keinen Schritt darüber, führen.“

Und: „Der poetische Ausdruck soll sich nicht immer, besonders in gewissen Dichterarten, durch die Stärke unterscheiden; er kann dies auch oft durch angenehme und sanfte Wörter tun.“

Schließlich: „Auf die feurige Stunde der Ausarbeitung muß, besonders auch in Absicht auf den Ausdruck, die kältere der Verbesserung folgen.“

Der Blick in die Werkstatt des Dichters, die Berührung mit dem Werk erregten in Chamisso durchaus nicht den Wunsch nach eigenem Dichten. Er wollte einzig der deutschen Sprache begegnen unter der Autorität eines Meisters. Das bedeutete Mühe und Genuß auf einem Steilweg ständigen Entdeckens. Das Entdecken lohnte mit dem rationalen Geschenk des Eindenkens, und das Eindenken führte zu der überraschenden Freude des Einfühlens. Endlich spürte er, daß ihm dieses Deutsch vertraut wurde in einer vorher nicht gekannten Zartheit, wie er sie hinter den Konturen der Grammatik nicht vermutet hatte.

Auf Dauer jedoch konnte Chamisso nicht im Lichtkreis

Klopstocks verweilen. Dankbar bereichert verließ er ihn und fand zu *Schiller. Klopstock* hatte ihn weise erleuchtet, *Schiller* entflammte ihn. Endlich hatte er Zugang zur zeitgenössischen deutschen Literatur.

Fähnrich Chamisso wurde am 31. Januar 1801 zum Leutnant befördert, zwanzig Jahre nach seinem Tauftag auf Schloß Boncourt. Die Feuertaufe erhielt er nicht. Der Krieg brannte noch weitab von den Grenzen Preußens. Doch Chamisso wußte, daß die Zündschnur bis Preußen gelegt war. Seinem Freund *Louis de la Foye*, gebürtiger Franzose wie er, schrieb der preußische Leutnant, er fürchte, „daß um uns friedliche Scheinsoldaten die Fackel des wütenden Krieges wieder zu erglühen droht, und unsere Provinzen möchten wohl Feld werden zu der Fremden Schlachten!"

Die Fremden! Waren sie nicht seine eigenen Landsleute jenseits des Rheins? Chamisso litt unter diesem Zwiespalt, zumal er sich, jetzt ein preußischer Offizier, noch immer als Franzose fühlte. Sinnierend füllte er ein Heft mit französischen Versen. Auf den Umschlag schrieb er „Erstes Heft 1801". Wollte er andere Hefte folgen lassen? Öffnete er nun doch der Dichtlust ein erstes Ventil? Oder spielte er nur mit Silben und Sätzen? Als Titel hatte er gewählt: „Erzählungen in Versen von einem jungen Emigranten." Er selbst war sein eigenes Lesepublikum, prüfend, was er sich von der Seele gereimt und geträumt hatte. Er fühlte sich einsam. Feste Freunde hatte er in Berlin noch nicht gefunden, und die Familie lebte seit 1801 wieder in Frankreich.

Des Landes Erster Konsul *Bonaparte* hatte den Emigranten die Rückkehr gestattet. Im August 1802 ließ sich Chamisso beurlauben und reiste zu Eltern und Geschwistern. Heimweh hatte ihn in die Heimat gezogen, Weh trieb ihn zurück nach Deutschland. Die Gespräche mit den Seinen, die Beobachtungen in ihrem Umkreis konnten ihn nicht erwärmen für das neue Frankreich mit dem alten Adel. Er schied in schmerzender Resignation. Illusionslos und mit konsequenter Härte markierte er die entscheidende Zäsur seines Lebens.

Wieder in Berlin schrieb er an die Familie: „Ihr stützt Euch darauf, was ich ohne die Revolution gewesen wäre. Ich erwidere, daß ich ein ganz anderer Mensch geworden wäre, daß ich unter den durchaus anderen Verhältnissen nicht die Ideen, nicht den Charakter entwickelt hätte, der heute eben meine Individualität ausmacht. Andere Vorurteile bringen andere Sitten mit sich. Würde ich besser geworden sein? Ich glaube schwerlich. Ich will daher unser Unglück, durch das ich mich gebildet habe, nicht anklagen. Aber wollet nur nicht den Maßstab, der vielleicht für jeden anderen Menschen gepaßt, jetzt auf mich anwenden, da er nicht mehr für mich paßt."

Unter den vielen Briefen Chamissos findet sich keiner von solcher Entschiedenheit. Am Ende seines Lebens, im Testament, wird er den Gedanken an die verändernde Macht der Ereignisse wiederholen: „Die Welt, in der ich gelebt habe, ist eine andere gewesen, als für die ich erzogen worden."

Wie sich Chamisso aus den herkömmlichen Verhältnissen von Familie und Stand gelöst hatte, löste er sich ohne Sentimentalität von dem altgewordenen Jahrhundert. Er wandte sich voll neuer Hoffnung dem 19., dem jungen Jahrhundert zu. Selber jung, im fröhlichen Verlaß auf sich, wagte er drei erste Schritte in die neue Zeit. Nächst seinen Plänen stand das Einleben, vielleicht sogar das Einlieben in die deutsche Sprache. Noch traute er sich nichts Eigenes zu in den Worten des Landes der *Klopstock, Goethe* und *Schiller.* Er wählte eine Zwischenlösung: Übersetzen eines Prosatextes. Das Trauerspiel „Der Graf von Comminge" eines vergessenen Autors benutzte er als passendes Übungsstück. In sauberer Handschrift übertrug er brav Zeile um Zeile aus dem Französischen ins Deutsche. Jede freie Dienststunde widmete er dieser Arbeit. Sein Fleiß war stärker als das Ergebnis. Vokabeln verrutschten ihm, Bedeutungen verschoben sich, der Wortschatz war noch nicht ergiebig genug. Doch Chamisso hielt durch bis zum letzten Aktschluß. So bestand er mit Anstand die Kraftprobe. Erst in seinem Nachlaß fanden sich die Blätter wieder, zu Lebzeiten sprach er nie von diesem jugendlichen Geniestreich.

Das Schauer- und Trauerspiel hatte er geendet mit der Frage: „Was ist der Mensch?“ und der Antwort: „Von der Wiege an ein Raub der Leidenschaft“. Nachwehen von Sturm und Drang wirbelten in dem jungen Mann. Sie waren Energien, die ihn vorantrieben. Das Übersetzen hatte literarische Lust in ihm aufsteigen lassen. Die Lust leitete ihn zu gleichgestimmten Gesellen, und die neuen Freunde führten ihn zu liebenswerten Frauen. Dichten, Freundschaft, Liebe – diese Dreiheit wird zum Grundmotiv im Leben und Schreiben des Adelbert von Chamisso.

Einer der ersten deutschen Freunde in Berlin war *Karl August Varnhagen von Ense*. Der um vier Jahre Jüngere war bereits ein aufstrebender Literat mit Sinn für Stil und Niveau. Er und Chamisso blieben sich lebenslang geistig nahe. Seelisch wärmer wurde die Freundschaft mit dem Juristen *Julius Eduard Hitzig*. Er war nur ein Jahr älter als Chamisso, verhielt sich aber ihm gegenüber, als ob der Unterschied viele Jahre betrage und er ihn deshalb umsorgen und behüten müsse. Dankbar und liebevoll nannte Chamisso ihn „Vater Ede“. Einen Gleichaltrigen fand er in dem treuen *Louis de la Foye*. Fast gleiches Schicksal verband beide: *Louis* war ebenfalls aus Frankreich emigriert, diente als preußischer Offizier im selben Regiment, auch ein Schöngeist, der dem Militärdienst in den Zirkel musischer Freiheit entfloh.

Aus Berlins Hugenottenkolonie gesellte sich der Theologe *Franz Theremin* hinzu, ein geistvoller Anreger, dem damals keiner hätte prophezeien können, daß er einmal als Hof- und Domprediger dem König das Wort Gottes einschärfen werde. Auch dem munteren *Heinrich Julius Klaproth* war nicht anzusehen und anzuhören, wohin das Fatum ihn trage: nach Paris auf den Thronsessel eines Papstes der Orientalistik. Jetzt ergötzte er die Freunde, wenn er ihnen chinesische Zeichen mit weinfeuchtem Finger auf die Tischplatte malte. „Kleiner Klaproth! was soll aus dir werden?" – „Kaiser von China!", schrie der Fingermaler und rezitierte *Li-Tai-Pe*. War es so? Das Gelächter der Freunde schallt durch wuchernde Anekdoten zu uns. Wir spüren die Stimmung, wie sie aus Wort, Witz, Phantasie und Weinglas hochsprühte in übermütiger Lebensfreude. Hier sah sich Chamisso zum ersten Mal in Berlin herznah und geisteshell auf- und angenommen. Er fühlte sich bei den Freunden zu Hause, und die Freunde betrachteten ihn als einen der Ihren. Sie gaben ihrem Kreis den Namen „Nordsternbund".

Das Gefühl des Sich-zu-Hause-Fühlens verstand sich sogar örtlich-wörtlich. Der Bankier *Cohen* versammelte gern die gebildeten jungen Herren in seinem Heim. Mäzenatisch hielt er ihnen sein Haus offen, wann immer sie kommen wollten. Sie kamen doppelt gern, denn hier trafen sie auch ebenso kluge wie schöne Damen der Gesellschaft. Eine von ihnen war eine Französin, 24 Jahre alt und schon verwitwet. Sie hieß *Ceres Duvernay*. Chamisso hielt sie für die reizvollste unter den anwesenden Frauen und bewunderte ihre hohe Bildung.

Bislang hatte er den deutschen Mädchen nachgeschaut, aber nie seine schüchterne Distanz zu einer amourösen Annäherung verkürzen können. Die Berlinerinnen fand er natürlicher als die französischen „Zierpuppen", wie er sie nannte. Jetzt vergaß er die blonden Schönen. Jäh verliebte er sich in *Ceres*, die geradezu lockend den Namen der Fruchtbarkeitsgöttin trug. Verliebt und erhitzt bemerkte er nicht die spöttische Überlegenheit der erfahrenen Frau, die in ihm einen lieben Jungen sah. Mehr nicht. Und der unerfahrene Junge, ein mittelloser Leutnant, 22 Jahre alt, kam der französischen Schönheit mit einem Heiratsantrag. Sie hielt für eine Groteske, was ihm heiliger Ernst war, und lehnte lachend ab – zum Glück für Deutschland, sonst wäre uns ein Dichter verloren gegangen.

Ceres kehrte ohne Adelbert nach Frankreich zurück. Dennoch hatte sie günstig auf ihren Anbeter eingewirkt, indem sie ihn zu Versen inspirierte. Er flocht sie ihr in galantem Französisch, sie dankte ihm in einem Abschiedsgedicht. Darin kommentierte sie feinsinnig ihr Nein-Wort zu seinem Antrag. Der verletzte und verwundete Chamisso reagierte wie Unglückliche oft in solcher Situation: er dichtete sich sein Leid von der Seele. Ihren französischen Text verwandelte er zu einem deutschen Gedicht. Unter der Überschrift „Das Lied von der Freundschaft" blieb es uns erhalten.

Die beiden letzten Verse der ihm Entschwundenen übersetzte er fast wörtlich:

Laß mich Dich als Bruder grüßen,
Gib den Schwester-Namen mir.

Als ob sich beim Schreiben sein Verliebtsein abgekühlt hätte und er nun nüchtern das Fazit aus dem Intermezzo ziehe, setzte er zwei eigene Zeilen unter die vorgegebenen Strophen:

Freundschaft ist ein Knotenstock auf Reisen,
Lieb' ein Stäbchen zum Spazierengehn.

Wie ein offenbares Geheimnis liest sich diese Leitlinie für eine lange Reihe seiner Jahre: Festverläßliche Freundschaft als Fundament; handfester Wanderstock für den Unruhigen, der aus der Enge seiner Existenz bis ans Ende der Erde flieht; Reisen, die elementare Lust des Vaganten, der jetzt noch als Dienender festsaß. Vorerst keine Frauenliebe. Kein romantisches Spazieren durch Turteltage soll ihn beirren.

Drum der Liebe bangen Schmerzen,
Ihrer Trunkenheit entflohn,
Wolln der Freundschaft wir die Herzen
Reichen uns zu schönerm Lohn.

Die bittere Medizin der Dame *Duvernay* hatte ihn zur rechten Zeit gekräftigt. Überdies – das war ihr ungewolltes Geschenk – hatte sie seine Fähigkeit geweckt, deutsche Verse zu schreiben. Mehr als die sinnliche Liebe erfüllte ihn jetzt das geistige Glück der neuen Sprache. Enthusiastisch griff er sogleich zu einem anspruchsvolleren Thema – und vergriff sich! Er wagte sich an den Fauststoff.

Dieser „Versuch", wie Chamisso die Arbeit später bezeichnete, war ein weiteres Übungsstück. Es zeigt den Fortgeschrittenen, keinen Übersetzer, sondern einen Selbstformulierer, der sich in die Jamben des Dramatikers wagt. Der Versuch mißlang. Die dialogisierte Abhandlung über Zweifel und Erkenntnis bot keine Handlung. Das Drama war kein Feld für Chamisso, den geborenen Lyriker. Seine zehn Buchseiten „Faust" blieben ein Kräftemessen mit dem respektablen Ergebnis, daß er doch schon elastisch seinen mächtig angewachsenen Wortschatz auszuwerten wußte.

Faustischer Drang und militärischer Zwang erzeugten eine quälende Spannung. Chamisso erträumte sich ein halb bürgerliches, halb bohèmehaftes Leben als freier Mann. Doch wovon ein solches Leben finanzieren? Er war schlichtweg arm, angewiesen auf seinen Sold. Das bißchen Geld klassifizierte den Beruf: „Sold" mit angehängtem „at". *Abraham a Santa Clara* hatte das Wort anders getrennt: Sol-dat. Das sei lateinisch und heiße übersetzt: Er gibt Sonne. Der Soldat Chamisso fühlte sich auf dem Kasernenhof so wenig als Sonnengeber wie die umhergejagten Rekruten. Er sehnte sich danach, den wahren Sonnengebern anzugehören, statt auf strapazierenden Märschen Staub aufzuwirbeln und im Übungsgelände unschuldige Feldblumen zu zertreten, die er lieber botanisiert hätte.

Noch nach Jahren, als Chamisso längst den Waffendienst quittiert hatte, überfiel ihn der Alptraum Exerzierreglement: „Ich träumte von dem Regiment, bei welchem ich gestanden, von dem Gamaschendienst. Der Wirbel schlug, ich kam herbeigelaufen, und zwischen mich und meine Kompanie stellte sich mein alter Oberst und schrie: ‚Aber Herr Leutnant, in drei Teufels Namen!' O dieser Oberst!" Der „Popanz" verfolgte ihn immer wieder im Traum, wann, so Chamisso, „ich meine Kompanie nicht finden konnte, wann ich ohne Degen auf Parade kam, wann – was weiß ich, unablässig verfolgt, und immer der fürchterliche Ruf ‚Aber Herr Leutnant! Aber Herr Leutnant!'"

Der Oberst, dessen ganzes Denken auf Befehlen und Gehorchen beschränkt war, auf Manneszucht und Dienstplan, ahnte nicht, warum der Leutnant Chamisso mitunter seinen Degen vergaß oder erst in letzter Minute auf den Kasernenhof gelaufen kam. Hätte er von dem außerdienstlichen Leben des jungen Mannes gewußt, sein Verstand wäre erst einmal stehen geblieben wie ein abgelaufener Wecker. Dieser Chamisso hatte Verse im Kopf statt Dienstvorschriften! Verkehrt mit suspekten Literaten! Holt die Burschen sogar zu sich auf unsere Wachstuben am Potsdamer Tor, am Brandenburger Tor! Statt draußen zu inspizieren! Hocken da beinander und lesen sich romantischen Unsinn vor. Schwärmen von einem Kerl – na, wie heißt er doch? – ach ja, *Klopstock*! Hätte gern einen Kloppstock friderizianischer Qualität, würde die Wachstube säubern. Hier wird gewacht und nicht gedichtet!

Leutnant Chamisso sah es umgekehrt. Dichtend erwachte er zu höherem Leben. Schreibend fand er zu sich selber. Das Studium der deutschen Sprache und Literatur, dem er sich neben seinem Militärdienst intensiv widmete, erschloß ihm seine eigentliche Region. Sein Platz war nicht unter den Saufbrüdern des Regiments mit ihren Karten- und Weiberspielen. Er gehörte zu seinen Geistesbrüdern. Sie verwandelten, wenn sie eigene oder andere Verse rezitierten, die kahle Wachstube in elysäische Gefilde. *Varnhagen* notierte später in seinem Tagebuch: „Die Genies, die aus preußischen Offizieren hervorgehen, haben einen eigentümlichen Charakter, in welchem sich Strenge und Bitterkeit, Mut und Scherzlaune vereinigen." Er nannte *Kleist* und Chamisso.

Das Jahr 1803 war für Preußen noch ein ruhiges Jahr.

Frankreich und England bekämpften einander weit weg auf hoher See, das Festland gehörte noch dem Pflug der Bauern und dem Fleiß der Bürger. In Deutschland starben zwei seiner Geistesheroen: Am 14. März *Klopstock* in Hamburg und am 18. Dezember *Herder* in Weimar. Chamisso hatte seinen *Klopstock* gründlich gelesen. Seinen! Die Begegnung durch die Lektüre hatte sich innerlich zu einer persönlichen Begegnung gesteigert. Manchen von *Klopstock* gewährten Einblick in die Poeterei hatte er inzwischen in seinen Übungsstücken zu nützen versucht. Dabei hielt er sich vor allem an den Rat *Klopstocks,* daß dem dichterischen Beispiel mehr abzusehen sei, als aus der Theorie zu lernen ist:

In zwanzig Versen des Homer
Liegt wahrer, tiefgedachter Regeln mehr
Als in des Lehrbuchs ausgedehnten, bis zum Schlafen
Fortplaudernden zehnhundert Paragraphen.

Die deutsche Dichtung – ihre klassischen Autoritäten und die ihr nachgewachsenen Romantiker – lehrte ihn bildhaft begreifen und formulierend ergreifen.

Varnhagen schildert in seinen autobiographischen „Denkwürdigkeiten“, wie er Chamisso damals sah: „Seine langen Beine, die knappe Uniform, der Hut und Degen, der Zopf, der Stock und die Handschuhe, alles konnte ihm unvermutet Ärgernis machen.“ Und: „Sein wunderliches Wesen machte ihn nicht für jedermann willkommen, und ich mußte ihn oft verteidigen. Besonders scheuten die jungen Frauenzimmer seine etwas derbe Anmut.“

Männerfreundschaften schloß er leichter. *Varnhagen* nannte ihn im Stil des Freundschaftskultes seinen „vertrauten Herzbruder“ und bewunderte Chamissos Einfühlungsvermögen in die Literatur seines Gastlandes. „Die deutsche Bildung und Sprache waren der Gegenstand seiner tiefsten Verehrung und Sehnsucht, und unsere Bestrebungen auf diesem Gebiet arbeiteten seitdem in förderlichstem Verein.“

Das französische Timbre gab seinem Deutsch einen musikalischen Beiklang. *Varnhagen* charakterisierte den redenden Chamisso: „Am meisten kämpfte er mit der Sprache, die er unter gewaltigen Anstrengungen mit einer Art von Meisterschaft und Geläufigkeit radebrechte." Um so amüsierter lauschten ihm die Freunde. Er behielt diese Redeweise bei. Der gewandte Schreibmensch wurde nie ein wortgewandter Sprecher. Mit *Rousseau* hätte er klagen können, „keine Feder im Mund" zu haben. Seine Zunge erlernte nicht das Berliner Tempo. Die Freunde würzten das Gespräch mit der frischen Brise ihres Mutterwitzes; warme Heiterkeit sonnte bei Chamisso.

Der Freundeskreis zählte nicht zum Blutadel, nicht zum Geldadel, fühlte sich aber sehr wohl dem Geistesadel zugehörig. Hochfliegende Gespräche wußten diesen Anspruch intern zu beweisen. Die Freunde wollten sich indessen auch nach außen kundtun. Die Idee eines Almanachs blitzte auf. Sie zündete sofort. Schon in den nächsten Tagen brachte ein jeder seine Gedichte herbei, meist Erstlingswerke. Mit dem Mut der Unbefangenheit stellten sie eine Auswahl zusammen und waren schließlich mit dem Gesamtbild zufrieden, sogar überzeugt davon, ihre potentiellen Leser mit einem besonderen literarischen Genuß zu erfreuen. Die Sammlung nannten sie „Musenalmanach auf das Jahr 1804".

Chamisso und *Varnhagen*, zwischendurch auch *Hitzig*, suchten einen Verleger. Wie alle Anfänger meinten sie, ihre losen Manuskriptblätter würden sich schnell in ein feingebundenes Buch verwandeln. Dann werde die wartende Welt begierig zugreifen und ebenso begierig die einmaligen Texte lesen. Ihr Kinderglaube wurde enttäuscht. Kein Verleger wollte die Liebhaberei unbekannter junger Leute finanzieren. Beim nächsten Soldempfang fiel Chamisso die Lösung ein: Wir lassen auf eigene Kosten drucken! Die Freunde stimmten zu. Chamisso, der Planmacher, legte den größten Batzen auf den Tisch, zumal er der Ungeduldigste war. Er wollte einen Anfang setzen. Seine Gedichte sollten sich endlich in würdiger Druckerschwärze vorstellen.

Später schrieb *Varnhagen*: „Von dem literarischen Wert dieser Jugendversuche kann gar keine Rede mehr sein.“ Nur wenige Exemplare wurden verkauft, die meisten verschenkt. „Genug, wir waren gedruckt, wir alle zum ersten Mal, und das war keine Kleinigkeit.“ Was damals für Chamisso und seine Freunde galt, das gilt heute noch immer für junge Menschen, die zur Literatur streben. *Varnhagen:* „In den Stand eines Autors zu treten, wäre es auch nur mit so geringen Mitteln wie die unsrigen damals, dürfte zu keiner Zeit als etwas Gleichgültiges anzusehen sein. Man denke daher, welch ein Schritt für uns Jünglinge dies war. Wir empfingen damit eine neue Mündigkeit.“

Die Kritiker wußten nichts Entscheidendes zu sagen. Frauen, denen der Musenalmanach dediziert wurde, fühlten sich durch das Geschenk aus Dichterhänden geschmeichelt. *August Wilhelm Schlegel* und *Fichte* äußerten sich freundlich in privatem Kreis. Die große Leserschaft blieb aus, wie die angesprochenen Verleger schon zuvor vermutet hatten. *Varnhagen* berichtet: „Wir Freunde wandten den Sinn von dem Publikum völlig ab und suchten Gewinn und Lust einzig im Innern unseres Treibens, welches in sich selbst gehoben wurde.“ Damit meinte er keine eitle Selbstgefälligkeit. Sie kehrten schlicht zum Ausgangspunkt ihrer literarischen Jungfernfahrt zurück wie ein Schiff, das nach der Probefahrt wieder in seinen Hafen segelt und dort abgeklopft wird, ob es alles heil überstanden hat. Die jungen Dichter freuten sich ihres Vorstoßes, den sie „unter keines fremden Namens Gunst und Schutz, sondern als Neulinge selbständig, in eigener Leitung gewagt“.

Der Musenalmanach hatte Chamisso innerlich befreit. Als ob er seinen Gedichten auf dem Weg nach außen nicht nachstehen wolle, besuchte er jetzt häufiger Berliner Salons, mit Vorliebe den Salon der *Henriette Herz,* die schon die jungen Brüder *Wilhelm* und *Alexander von Humboldt* in die Welt der Toleranz und der typisch Berlinischen Aufklärung eingeführt hatte. Hier lernte er Männer des Geisteslebens persönlich kennen, mit speziellem Genuß den streitbaren Professor *Fichte*, und fühlte sich selber akzeptiert. Der Leutnant mit dem französischen Timbre und den künstlerischen Locken fiel auf, und verwundert über sich selbst bemerkte er, wie seine bisherige Zurückhaltung zerschmolz, wenn er mit *Henriette Herz* und anderen Damen plauderte oder mit einem männlichen Gast über Metrik, Tagesereignisse und Zeitungsberichte redete.

Im Winter hielt *August Wilhelm Schlegel* eine Vorlesung über romantische Poesie. Chamisso und *Varnhagen* saßen unter den Hörern. Was *Varnhagen* zu *Schlegels* Darlegung äußerte, hätte Wort für Wort auch Chamisso sagen können: „Seine Übersicht der deutschen Dichtkunst in ihrer geschichtlichen Entwicklung und die Beispiele, die er aus früheren Zeiten reichlich mitteilte, waren mir von großem Nutzen. In den Wust von einzelnen Kenntnissen und Ansichten, die ich nach Zufall gehäuft, kam mehr Ordnung und Zusammenhang. Ich lernte auch für mein eigenes Dichten festere Bahnen betreten." Die Zeit der Improvisation, der geistigen Zufallsgeschenke, der da- oder dorthin lockenden Einfälle war vorüber. Chamisso systematisierte jetzt den Wissenserwerb. Planmäßig mehrte er seine Kenntnisse und speicherte sie abrufbar in seinem präzis arbeitenden Gedächtnis. Solide baute er sich eine breite Bildungsgrundlage. Dazu gehörte ein gründliches Studium der griechischen Sprache und Literatur. Er begann es in dem schicksalsträchtigen Jahr 1804. Diese Jahreszahl stand schon im Titel des Musenalmanachs als Signum des Neuen.

In Frankreich verwandelte sich die Republik zurück in das Reich eines Alleinherrschers. General *Bonaparte* aus Korsika hieß jetzt *Napoleon*, Kaiser der Franzosen. Seinen Geburtstag, den 15. August, ließ er im ganzen Land als den Napoleonstag feiern. Das Volk sollte wissen, wer von jetzt an sein Herr ist, und das Volksfest berauschte geschwind die einstigen Republikaner und die künftigen Kaiserkrieger. In Wien demonstrierte ein Einzelgänger seine zornige Verachtung. *Beethoven* zerriß die Widmung für *Napoleon*, die er seiner dritten Symphonie vorangesetzt hatte. In Berlin zeigte sich *Madame de Staël*. Sie war im Vorjahr von *Napoleon* aus Frankreich verbannt worden, weil er den kritischen Verstand der freisinnigen Frau fürchtete. Die Berliner bewunderten die Französin und begannen, die Franzosen zu fürchten. *Germaine de Staël* reiste bald wieder ab und nahm einen prominenten Mann mit sich, den pfauenstolzen *August Wilhelm Schlegel.* Hundetreu hing er ihr fürderhin an. Berlins Professoren amüsierten sich, die Studenten lachten. *Varnhagen* schrieb: „Sie entführte *Schlegel* mit sich nach der Schweiz, was wir nicht umhin konnten, ihr zur Ehre zu rechnen, obgleich wir es ihm verdachten." Chamisso äußerte nichts und ahnte noch weniger, daß auch er einmal zum Hofstaat der vereinnahmenden Frau gehören würde.

Erregender für ihn und die Berliner war der Besuch *Schillers.* Ein Jahr vor seinem Tod erfüllte sich der Dichter den Wunsch, Preußens Hauptstadt kennenzulernen. Das Königshaus und die Bevölkerung empfingen diesen Mächtigen des Wortes mit der ihm gebührenden hohen Achtung und ehrten sich damit selber. Der schmale Mann im langen Mantel trug schon die Spuren tödlichen Leidens. *Varnhagen,* der allzeit mobile Chronist und Deuter der Gegenwart, berichtete: „Nicht nur in allen Gesellschaftskreisen bemühte man sich um *Schiller*, auch im Theater und auf der Straße vor seiner Wohnung schallte ihm der Jubel entgegen."

Chamisso stand als Zaungast in die Menge eingepreßt, mitten unter den winkenden, applaudierenden Berlinern, stumm und starr. Innere Erregung lähmte ihm Stimme und Hand. Der Unbekannte schaute auf den Berühmten voller Ehrfurcht vor dessen Größe, voller Zweifel an sich selber. Würde ihm je ein einziger Vers gelingen wie diesem Dichter, einem Sänger mehr der Freundschaft als der Liebe?Was wog der ganze Musenalmanach gegen auch nur eine Zeile des Vergötterten? In diesem Augenblick, der Höhe- und Tiefpunkt in einem war, mochte sich Chamisso von *Klopstock* angeredet fühlen, als ob der Meister ihm, dem kleinmütigen Lehrling, aus dem Grab den Trost zuspreche: „Lieblich klingt des Ruhms lockender Silberton in das schlagende Herz, und die Unsterblichkeit ist ein großer Gedanke, ist des Schweißes der Edlen wohl wert."

Schiller wohnte mit seiner Frau drei Wochen in Berlins Prachtstraße Unter den Linden. Er hatte sich im „Hotel de Russie“ einquartiert. Von dort meldete er seine Ankunft dem „treuen Freund“ *August Wilhelm Iffland,* der in der Uraufführung der „Räuber“ im Mannheimer Nationaltheater den Franz Moor gespielt hatte. Jetzt war er Berlins führender Schauspieldirektor. Sofort änderte *Iffland* den Spielplan und richtete das Programm auf den Gast ein. In drei großzügig ausgestatteten Inszenierungen brachte er den „Wallenstein“, die „Braut von Messina“ und die „Jungfrau von Orleans“.

Das Theater stand am Gendarmenmarkt. Die Berliner pflegten damals zu sagen: „Wer den Gendarmenmarkt und Madame *Herz* nicht gesehen hat, der hat Berlin nicht gesehen.“ *Schiller* sah beide. Die Ovationen nach Ende der Aufführungen bewegten ihn tief. So offen, so begeistert hatte ihm Weimar nie gedankt. Nur einmal zuvor hatte ihn Beifall ähnlich erschüttert, vor über zwanzig Jahren, als das Mannheimer Publikum den jungen Dichter der „Räuber“ tumultuarisch feierte. Wie Chamisso hatte *Schiller* die Ideen der französischen Aufklärung in sich aufgenommen und sein „In tyrannos“ auf Deutschlands Despoten abgeschossen. Noch im selben Jahr mußte er fliehen.

Jetzt in Berlin, der Metropole der deutschen Aufklärung, durfte er das höchste Glück des Dichters kosten: von seinem Volk geliebt zu werden. *Schillers* Frau dankte nach seinem Tod dem Freund *Iffland:* „Durch Ihren Einfluß hat *Schiller* in Berlin zum ersten Mal das belohnende Gefühl genossen, für eine Nation gearbeitet zu haben.“

Zwischen zwei Theaterabenden besuchte er den Salon der *Henriette Herz. Varnhagen* berichtet nicht von diesem gesellschaftlichen Ereignis. So ist uns unbekannt, ob Chamisso zugegen war oder ob die Gastgeberin für diesen Abend nur Koryphäen geladen hatte. Ihnen *Schiller* zu präsentieren, war der kulturelle Höhepunkt ihres Hauses. *Schiller* kam fast unauffällig. Als er eintrat, war die gewandte Herrin des Salons für eine

Sekunde fassungslos. Sie hatte eine völlig andere Erscheinung erwartet. Doch sofort überspielte sie ihre Überraschung, hieß ihn willkommen, hörte seine gar nicht pathetische Stimme, den freundlichen schwäbischen Klang. Hinterher sagte sie im Familienkreis: „Ich meinte, er müsse im Lauf eines Gesprächs etwa wie sein Posa in der berühmten Szene mit König Philipp sprechen. Zu meinem Erstaunen nun stellte er sich in der Unterhaltung als ein sehr lebenskluger Mann dar, der namentlich höchst vorsichtig in seinen Äußerungen über Personen war."

Chamisso erfuhr, daß König *Friedrich Wilhelm III.* und Königin *Luise* dem Dichter auf Schloß Sanssouci eine Audienz gewährt hatten. Dann luden sie ihn noch einmal ein, jetzt zu einem familiären Mahl. Der einfache Lebensstil des Landesvaters und das bescheidene Wesen seines Gastes harmonierten miteinander. Das gute Gefühl ließ bei dem Königspaar den Wunsch aufkommen, *Schiller* möge nach Berlin übersiedeln. *Luise* kleidete das wohlwollende Anerbieten in die rechten Worte.

Das königliche Angebot, ideell wie materiell verlockend, blieb kein Geheimnis. Schon tags darauf bedrängte der einflußreiche *Iffland* die Kabinettsräte, einen Vertrag für *Schiller* zu entwerfen. Was sich die Schauspieler zwischen den Kulissen als Geheimtip zuflüsterten, war flugs Gespräch im Zuschauerraum: *Schiller* zieht nach Berlin! Chamisso sondierte im Salon *Herz* die Hofnachrichten. Unruhig erwartete er die verläßliche Meldung. Sie kam von *Schiller:* er lehnte ab. Weimar mit *Goethe* und Herzog *Karl August* blieb der stärkere Magnet. In dieser literarischen Welt fühlte er sich zu Hause.

Berlin war enttäuscht und einer in Berlin besonders bitter: Chamisso. Er hatte gehofft, hier in den Lichtkreis *Schillers* treten zu können. Wie sehr waren dessen Ideen den seinen verwandt! Es ist nicht berichtet, ob er die Schillerdramen im Theater am Gendarmenmarkt sah. Wir dürfen es annehmen. „Johanna von Orleans", damals noch nicht Frankreichs kanonisierte Nationalheilige, hatte ihn schon beim Lesen mitgerissen.

Wie intensiv spürte er den französischen Geist aus diesem Stück, französisch und doch übernational menschheitlich! Wenn es für ihn trotz lähmender Zweifel einen Weg zur eigenen Dichtung gab, dann wollte er ihn im Lichtstrahl *Schillers* gehen. *Klopstock* war tot, *Goethe* ihm unerreichbar, *Schiller* jetzt entrückt. Eine Stunde Gespräch mit dem großen Mentor der Deutschen wäre ihm tausend Tage wert gewesen. Jetzt war die Gelegenheit hinweggeweht wie ein Fetzen Papier auf der Straße. Keine Sternstunde für Chamisso. *Schillers* Abreise ohne Wiederkehr ließ ihn ärmer zurück. Wie tückisch verhakte Kettenglieder folgten bald Verlust um Verlust.

Das Jahr 1804 war ein Jahr der Gärung, politisch für Europa, privat für Chamissos Freundeskreis. Hatte noch *Madame de Staël* die Berliner vor *Napoleon* gewarnt, so verflogen alle Bedenken, als *Schiller* wie ein Nationalheros die Hauptstadt faszinierte. Seine aus dem Theater die Stadt überströmende Kraft der Sprache stärkte die Einwohner derart, daß sie niemand und nichts mehr zu fürchten schienen. Wer würde es ohnehin wagen, das Land *Friedrichs des Großen* anzugreifen? Sein Degen ruhte auf Schloß Sanssouci als heiliges Symbol für das Heil Preußens. Und *Napoleon?* Ein Kaiser ohne Dynastie? Preußen und mit ihm Europa wären erschrocken, hätten sie gewußt, daß dem Korsen sein alter Militärmantel noch immer lieber war als der neue kaiserliche Hermelin.

Die „junge Dichtergenossenschaft", wie *Eduard Hitzig* sie nannte, verbrachte die Frühlingsmonate im fröhlichen Zusammenhalt. Sie hatten sich aufeinander eingelebt, dichteten aufeinander zu, fühlten vereint sich glücklich in freundschaftlicher Nestwärme. Der Sommer trieb die Freunde auseinander. Zwecke und Pflichten erzwangen Veränderung. Ein jeder strebte nach einer anderen Richtung, zu Studium oder neuem Beruf. *Franz Theremin* begab sich nach Genf, um sich dort noch inniger der Gottesgelahrtheit zu befleißigen. *Louis de la Foye* wurde in seine Vaterstadt Caën zurückgerufen. Der Vater war gestorben, die Familie brauchte ihn. Er kehrte nicht nach Berlin, nicht in den preußischen Militärdienst zurück, wurde Professor in

Caën und blieb dort Chamissos lebenslanger Freund. Die beiden Franzosen korrespondierten allzeit in deutscher Sprache miteinander.

Der Jurist *Hitzig*, Chamissos „Vater Erde“, erhielt einen Posten als Assessor in Warschau. Den „Kaiser von China“, *Klaproth*, trieb es auf Forschungsreisen, und zum traurigen Ende für Chamisso wechselte *Varnhagen* nach Hamburg über. Dieser mußte sich eingestehen: „Die mir nötigsten Studien lagen brach, meine Tage verwilderten. So fand ich mich in unbequemer Enge. Die Anerbietung Chamissos, seinen Tisch mit mir zu teilen, durfte ich nicht annehmen.“ *Varnhagen* kehrte nach Hamburg zurück, zu Mutter und Schwester, und widmete sich seinem Bildungsstreben. Das unbeschwerte Leben der halben Bohèmiens war zu Ende.

Chamisso blieb allein in Berlin zurück. Wieder auf sich selber gestellt, sah er sich verantwortlich, als Ein-Mann-Institution den Musenalmanach am poetischen Leben zu erhalten. Er stellte einen zweiten Band für das Jahr 1805 zusammen, ganz nach dem Muster des ersten. Das Ergebnis lohnte weniger als die Vorbereitung, denn nun mußte er brieflich die Beiträge der Freunde herbeiholen. Zu dem vordergründigen Zweck gesellte sich ein höherer Sinn, die Pflege der Freundschaft trotz räumlicher und zeitlicher Trennung.

Im Gespräch zeigte sich Chamisso nicht sehr gewandt. Oft saß er wortkarg abseits, rauchte seine lange Pfeife und schien in sich hineinzuhören. In seinen Briefen verwandelte er sich zu einem extrovertierten Menschen. Voller Mitteilungslust ergoß er den Schreibstrom auf großformatige Bogen Papier, stets in winzigen Buchstaben, um seine langen Texte unterzubringen.

Das Zeitalter der Epistelkunst kultivierte das Briefeschreiben zum Dokument der Bildung. Viele Briefe wurden Literatur, autobiographische Zeugnisse, wie sie nirgendwo so authentisch zu finden sind. Was wüßten wir sonst vom Gefühls- und Gedankenleben *Klopstocks, Wielands, Lessings, Herders, Goethes,*

Schillers, der Brüder *Humboldt, Heines* und *Hebels,* all der briefschreibenden Frauen und Männer der Romantik? Was wüßten wir von dem empfindlichen Netz ihrer Beziehungen zu den Zeitgenossen und zum Zeitgeist? Wir blieben auf Berichte von Mitmenschen angewiesen oder auf die Spekulationen von Sekundärliteraten.

Briefe Berühmter, oft natürlicher, manchmal aber auch künstlicher als Erdichtetes, sind ihren gewollten Empfängern entglitten zu den ungewollten (oder sogar gewollten, erhofften) Mitlesern der Nachwelt. Sie wurden ein Stück Literatur, an uns adressiert, auch wenn ein Gefühlsrest der Indiskretion bleiben mag. Um so zarter sei das postume Verständnis für den Briefschreiber. Wer dagegen die Literatur der Vergangenheit nicht als Nährboden schätzt, sondern als Steinbruch mißbraucht, um sein Worthäuslein zu bauen, der wird auch Briefe mit dem Hakkebeil ausschlachten und Intimes als Sensation vermarkten.

Davor sei Chamisso bewahrt. Sein offenes Gesicht schaut uns ohne Visier aus den Briefen entgegen; sein Vertrauen zu den Freunden wird auf uns übertragen. So dürfen wir die Vergangenheit ansehen wie einen imaginären Briefumschlag, dem wir Brief um Brief Chamissos entnehmen. Wir lesen sie mit der frischen Neugier des Empfängers, denn wir wollen erfahren, wie es unserem Dichter seit 1804 erging.

Eduard Hitzig hatte sich mit seiner jungen Frau inzwischen häuslich in Warschau eingerichtet. Ihm schrieb Chamisso am 6. Juli 1804 den ersten von vielen Briefen, die er dem herznahen Gefährten widmete, denn: „So leben wir in der Trennung vereinigt." Er wußte, was er *Hitzig* zu danken hatte: „Gutgekannter trefflicher Freund, der Du so schön an mir gebildet hast." Ihm konnte er seine Unruhe gestehen, „jenes unstete Verlangen, das aus den bedrängenden Schranken hinaus in die Weite mich ruft, vieles zu erfahren, zu erkennen, durch Schlachten mich zu schlagen, in Tat und Schall mich ins Äußere zu ergießen."

Hier brach der andere Chamisso hervor, nicht der Poet aus

der stillen Stube, sondern der Vagant, der sich in den Strom der Welt stürzen will, um sich in Taten auszutoben. Auf einmal – wie neu bei Chamisso! – will er auch Soldat sein, wenn er nur den Exerzierplatz mit dem Schlachtfeld vertauschen kann. Doch dann zuckt er eine Zeile später zurück: „O wie würde es sanft sich auflösen und das stillste Leben in mich gekehrt mir genügen, würde mir ein dem Deinen ähnliches Glück zuteil!"

Nie wieder hat er seine bipolare Natur so deutlich charakterisiert. Lebenslang litt er unter den beiden auseinanderstrebenden Sehnsüchten: Drang ins Weite und Glück im Winkel, Entdeckerlust in den Zonen der Gefahr und biedermeierliche Geborgenheit, rauschhaftes Erleben und besinnliches Dichten. Auf Chamisso paßte der Wahlspruch der Bremer Hanseaten: Buten und binnen – wagen und winnen (Draußen und drinnen, wagen und gewinnen)

Wer wagt, gewinnt auch für andere. Dies war das innere Gesetz seines Lebens. Emotional und rational hat es Chamisso gelebte Wirklichkeit werden lassen. *Eduard Hitzig* hat ihn dabei mit Rat und Hilfe, mit Ansporn und, wenn nötig, mit sanftem Zurückhalten begleitet. Beide Freunde wuchsen aneinander. Am Abend jenes 6. Juli 1804 schrieb Chamisso viele Seiten an *Hitzig* bis in die Nacht. „Ich muß abbrechen und mein Geschwätz in seinem besten Flusse hemmen. Adieu! Die Augen fallen mir zu."

Im August antwortete er auf einen Brief des französischen Freundes *Louis de la Foye*: „Du fürchtest Dich, zum Soldaten gemacht zu werden, und willst dem nicht Gehofften entgegensehen. Was Dir das Sündervolk der Weltklugen sagen konnte, weißt Du: ein preußischer Degen ist doch noch leichter in der Hand als eine französische Muskete auf der Schulter." Wieder fällt der Schuß soldatischen Übermutes auf, den der bislang wenig glückliche Leutnant einmischt. Offenbar schmolz seine Opposition gegen seinen militärischen Stand. Den Freund *Louis* sähe er gern wieder als Regimentskameraden statt als einen Soldaten *Napoleons.*

Wochen später ermahnte er *Louis,* seinen Abschied vom preußischen Militär einzureichen. Er spürte, daß der Freund Franzose unter Franzosen bleiben wollte. Chamisso spürte noch mehr: kriegerische Veränderung, „wenn das Waltende das Unmögliche bezwingt und wir aus träger Ruhe zu Taten geprügelt werden". Er hält an sich: „Gott behüte uns! Wir atmen Staub auf dem Templower Feld und reiten diese Nacht nach Potsdam." In der übernächsten Zeile bricht jäher Zorn hervor: „Ich möchte mit Fäusten mich schlagen! Ein Kerl von vierundzwanzig Jahren und nichts getan, nichts erlebt, nichts genossen, nichts erlitten, nichts geworden, nichts erworben, nichts, rein nichts, in dieser erbärmlichen, erbärmlichen Welt!"

Aufbegehrend warf er diese Paraphrase zu Don Carlos aufs Papier. Dem Vater und König klagt der heißblütige Prinz: „Dreiundzwanzig Jahre, und nichts für die Unsterblichkeit getan!" Und: „Alle verlorenen Stunden meiner Jugend mahnen mich laut wie Ehrenschulden." Chamisso klagt's dem Freund und steigert sich leidenschaftlich ins selbstquälerische Nichts. Dabei könnte er wie Carlos sagen: „Ich bin erwacht, ich fühle mich." *Schillers* dramatische Sprache zittert noch in seinem Zorn.

Dann mäßigt er sich zur Selbstironie: „Ich will diesen Winter studieren, Griechisch und Latein, vielleicht auch schreiben und mich für vierzehn Taler in Wittenberg zum Doctor philosophiae stempeln lassen. Ich möchte gar zu gern Doctor im Regiment *von Götze* und Leutnant der Philosophie sein." Hätte er nur diesen akademischen Grad einführen können! Wir wüßten dann, wer in der Philosophie noch Leutnant ist und wer schon Hauptmann, ein Behauptungsmann mit diskutierbaren Behauptungen. Chamissos Anregung klang wohl nicht universitär genug.

In seiner gesunkenen Stimmung suchte er Auftrieb. Er fand ihn bei Männern des Berliner Geisteslebens, die er im Salon von *Henriette Herz* kennengelernt hatte: bei dem Philosophen *Fichte,* dem Theologen *Schleiermacher,* dem Historiker *Johannes von Müller.* Mit ihnen „habe ich von Zeit zu Zeit erfreuliche und wieder emporhelfende Gespräche." Doch im nächsten Brief, diesmal an *Varnhagen*, stöhnte er wieder kleinmütig: „Ich werde von Entschließungen zu Selbstvorwürfen schwankend vorwärts in die Zeit hineingeschleudert, ohne daß ich ihr Blüten irgendeiner Art abgewinne." Nach wie vor weiß er sich „zu gut für das Gewerbe, das ich treibe".

Im Februar 1805 erreichte seine Resignation ihren Tiefpunkt. Er gestand den fernen Freunden: „Geklemmt zwischen schwerwandelnde Rekruten und griechische Lexika sehe ich farblos dahingleiten die Tage meines Lebens, die mir, wie Balsamtropfen, Eure köstlichen Briefe und Erinnerungswinke erfreuen. Diese zu erwidern aber, bin ich jetzt arm, ärmer denn je ein Mensch."

Hier war er doch wohl zu wehleidig. Mochten ihn die Rekruten langweilen, die griechischen Lexika waren freundliche Hausgeister. In ihrer Gesellschaft taute der Frost des Kasernenhofs von ihm ab. Sie halfen ihm treu, *Homers* Epen, die Bibel des Hellenentums, voll in sich aufzunehmen. Im Juli meldete er *Varnhagen*, „die vier Bände des Homeros gelesen zu haben, und das gut, ferner zwei Tragödien des *Euripides,* drei Bücher der Anabasis des *Xenophon,* den *Anakreon,* auch die erste Philippika des *Demosthenes.* Nur muß ich noch zu der Grammatik ernst zurückkehren. Alle Stunden, die mir nicht der Dienst raubt, sind diesem Einzigen geweiht."

Chamisso sitzt täglich sechs bis acht Stunden, an Sonntagen sogar zehn Stunden, über dem Griechischen. Wenn *Napoleon* der Ausspruch zugeschrieben wird, Genie sei zu neunzig Prozent Fleiß, dann hat ihn Chamisso veranschaulicht. Der gründliche und ausdauernde Arbeiter hat die entscheidenden zehn Prozent Genie während der letzten Berliner Monate seines Garnisonslebens zügig unterbaut. In einem Gedicht an *Varnhagen* finden sich die Verse:

> Zu Hellas' Heiligtume rang ich mutig
> mit angestemmter, ernster Manneskraft.

Rational, wie es Chamisso bei *Voltaire* und *Diderot* gelernt hatte, lenkte er alle seine Kraft auf das Nahziel Bildungsstreben. Fernziele verschwammen in der nebulosen Zukunft. Das Ideal soldatischer Pflichterfüllung war verdeckt vom Mechanismus der täglichen Subordination. Das entgegengesetzte Ideal, die Berufung zum Dichter, lehnte er als Zielvorstellung ab. Erst als die Weltgeschichte, das mächtige Ungetüm, auch auf ihn, den einzelnen unter Millionen anderer einzelner, schicksalsverändernd eindrang, konnte sich Chamisso zum befreienden Akt der Selbstentscheidung durchringen.

5 Kriegsdienst

Nach dem Gärungsjahr 1804 blähte sich im Jahr 1805 vieles auf wie ein explosiver Gasballon. Nur eine dünne Haut hielt die Sprengkraft anfangs noch zurück. Im Vorfrühling ließ sich Kaiser *Napoleon* in Mailand zum König von Italien krönen. Als er sich wie in Paris die Kaiserkrone nun auch die eiserne Krone der Lombardenkönige selbstherrlich aufsetzte, beschwor er eigenes Gottesgnadentum: „Gott gibt sie mir. Wehe dem, der sie anrührt!"

Die Drohung des Aufsteigers empörte Europa. Österreich, das seine italienischen Provinzen an Frankreich verloren hatte, England und Rußland verbanden sich zur dritten Koalition. Preußen blieb noch neutral. Doch als Militärmacht reagierte es auf die sich verändernde Lage. Truppen wurden in Marsch gesetzt, um strategisch wichtige Positionen zu sichern. Das Regiment *von Götze* wartete auf den Befehl zum Ausrücken.

Püffe des Schicksals verwirren oder ernüchtern. Chamisso sah illusionslos „den Schauplatz der wildesten Wirksamkeit der Kräfte sich mir eröffnen, das stürmische Gewirr des Krieges". Er hatte seine Lethargie überwunden und erklärte energisch den Freunden vom Nordsternbund: „Lasset uns nicht die Zeit, die wir mit angestemmtem kräftigem Lernen erfüllen müssen, mit Bemühungen des Dichtisierens zersetzen und Machwerke doch zum öfteren nur machen! Die Zeit, Kunstwerke zu erschaffen, müssen wir aussäen, auf daß sie reife. Das lege ich euch ans Herz.

Für meinen Teil will ich nicht dichten wollen. Werde ich es einmal von innen heraus müssen, wird mich ein andersgestalteter Wille ergreifen." In solchem Ton hatte er nie zuvor gesprochen. Hier kündigte sich schon der eigenständige Dichter an, der nie ein Auftragspoet sein wird, sondern frei ergreift, was seine Muse ihm zuspielt.

Im Herbst 1805 verließ Chamissos Regiment die Garnison Berlin. Soldaten auf dem Marsch verändern sich. Die gelockerte Disziplin läßt sie fröhlicher sein, trotz der Gefahren, denen sie entgegenziehen. Chamisso genoß Ortsveränderungen. Schon der Fluchtweg der Familie nach Deutschland hatte in dem Knaben die Abenteuerlust des Vaganten geweckt. Jetzt, da der stumpfe Dienstplan hinter ihm lag, ergriff den Unruhigen die Freude am Umherstreifen. Er wird sogar soldatischer als bislang, ein brauchbarer Mann auf dem Marsch. Als ob er nunmehr militärisch gehärtet sei, fließen ihm kräftigere Ausdrücke in die Rede. Den Hauptmann nennt er einen charakterlosen Waschlappen, und der Fähnrich „ist nichts als ein in jeder Hinsicht ekliges Muttersöhnchen, der unglücklich ist und Ärger ausbrechen läßt, weil ihm Lavendelöl abgeht". Dagegen ist „mein Premier-Leutnant ein sehr guter Soldat und Kamerad, mit dem ich bei dem ersten Marsch Kriegsbruder auf Du und Du geworden bin".

Im Freundschaftskult des Nordsternbundes hatte er die Dichtergenossen zarter angeredet: „Guter göttlicher Junge", „Liebster unter den Menschen", Mein lieber Getreuer", „Guter goldner Eduard", „Ihr guten Knaben" und ähnlich liebevoll. Doch jetzt ist aus dem Spazierer ein Marschierer geworden. Da heißt es wetterfest und mit angerauhter Herzlichkeit: Kriegsbruder!

Das Regiment zuckelte durch das westliche Mitteldeutschland, in wechselnden Himmelsrichtungen, ohne noch den Krieg zu finden. Leutnant Chamisso fand Zeit genug für seine Korrespondenz: „Ich schreibe täglich meine zwei Briefe, wie eine wohlgenährte Henne ihre zwei Eier legt, sonst könnt' ich nicht gesund leben. Ich muß plaudern mit den Meinen." Berlin erschien ihm aus der Ferne wie ein verlorenes Paradies. Reumütig bekannte er: „Ich Frevler wußte nicht zu enden, wenn ich Berlin eine Öde schalt und eine Sandbank, ein Kartoffelophager-Nest.“ Seine satirische Lust, die koboldhaft hervorschlüpfen konnte, hatte analog zu der Vokabel Anthropophage (Menschenfresser) das Spottwort Kartoffelophage, also Kartoffelfresser, für die Berliner erfunden, weil Kartoffeln die Hauptnahrung der Bevölkerung waren.

Was er auf den Märschen erlebte, auch Langweiliges, verwandelte er in seinen Briefen zum amüsanten Erzählstoff für die Freunde, selber erheitert über Unwichtiges. „Weiß ich nicht jetzt, welcherlei Farbe und Tiefe der Dreck in den verschiedenen Gefilden Deutschlands hat?“ Dann mit aufgesetztem Pathos: „Wahrlich, wäre mir solches auf Grönlands Küsten geschehen, es würde mir zu hohem Ruhm gereichen, denn ich könnte es erzählen und sagen: ja, teure Freunde, es ist ein gar von Gott verfluchtes Land.“ Phantasievoll griff der spätere Erdumsegler voraus ins Thema seiner dreijährigen Reise von Kontinent zu Kontinent.

Infolge ständigen Ortswechsels seines Regiments ging mancher Brief der Freunde verloren. Verzweifelt schrieb er an *Varnhagen:* „Ich brauche Briefe, mein Guter! Die möchten für mich Texte zum Denken werden. Gelesen, geschrieben, gedacht, gehört, gesehen, erfahren, gelebt habe ich seit der letzten Zeit gar nichts. Ich stehe vor Euch da wie eine Geige, die sechs Wochen im Regen gehangen hat.“ Das stagnierende Dahinleben in der Truppe endete plötzlich. Die Dynamik der Ereignisse zwang zu neuen Entschlüssen.

Gegen Jahresende brach *Napoleon* in Österreich ein. Er besiegte am 2. Dezember 1805 bei Austerlitz die vereinigte österreichisch-russische Armee. Diese militärische Katastrophe erhielt später den wohlklingenden Namen „Dreikaiserschlacht“, weil hier die Heere des österreichischen Kaisers *Franz II.*, des russischen Zaren *Alexander I.* und des französischen Kaisers

Napoleon kämpften. Die Franzosen erinnern sich bis heute direkter an den für Frankreich rühmlichen Ausgang des Waffenganges: sie nannten eine ihrer Metro-Stationen schlichtweg „Austerlitz“.

Preußen war gewarnt. Es richtete sich energischer auf die Auseinandersetzung mit dem Störer Europas ein. Die Truppen wurden zu schnellen Märschen angetrieben. Zug um Zug rückten die Regimenter in die ihnen angewiesenen Stellungen ein, das Regiment *von Götze* in die Festung Hameln.

Im Jahr 1806 erschien der dritte Band des Musenalmanachs. Chamisso hatte ihn noch zusammenbringen können. Doch wiederum blieb der literarische Erfolg aus. *Varnhagen* bezeichnete das Werkchen „als eine wahre Musterkarte der gräulichsten Druckfehler“, ein Buch, „das völlig tot zur Welt kam, ein Mißgeschick, das um so schmerzlicher war, als uns die Sammlung diesmal besonders versprechend dünkte“. Chamisso nahm das negative Ergebnis gelassen hin, fast gleichgültig. Das Experiment war für ihn abgeschlossen. Die Stationierung in der Festung Hameln lenkte seinen unruhigen Geist in eine andere Richtung.

Sein Gesuch um Entlassung aus dem Militärdienst wurde wegen der angespannten Lage abgelehnt. Er fügte sich ins Unvermeidliche, und Unerwartetes trat ein. Hameln ist das sicher sonderbarste Kapitel in der Lebensgeschichte des Adelbert von Chamisso. Während des halben Jahres seines dortigen Aufenthaltes offenbarte sich seine Doppelnatur so extrem deutlich wie nie zuvor und niemals wieder. Der Dichter und der Soldat traten hervor wie zwei Gestalten aus einer Person, beide Erscheinungen voll sichtbar, jede der wahre Chamisso.

Nahe Hameln, in Nenndorf, wohnte der Baron *Friedrich de la Motte-Fouqué.* Er war wie Chamisso französischer Abstammung und wurde ebenfalls ein deutscher Dichter, weithin bekannt geworden durch seine „Undine“, das Märchen vom romantischen Wasserzauber. Damals in Nenndorf schrieb der ehemalige Kürassierleutnant zu seinem ästhetischen Vergnügen Gedichte und Geschichten. Chamisso besuchte ihn, bewunderte ihn, freundete sich mit ihm an. Die beiden Männer fühlten sich durch viel Gleiches miteinander verbunden. Der um vier Jahre ältere *Fouqué,* der das Soldatsein wie eine zu enge Haut abgestreift hatte, lebte nun frei und hingegeben seinen poetischen Neigungen. Er erkannte den noch unerlösten Dichter, der in dem Soldaten Chamisso stak, und ermunterte den Jüngeren, denselben Weg zu gehen wie er: vom Leutnant zur Literatur.

Noch auftriebskräftiger war der Besuch *Varnhagens.* Er reiste von Hamburg zur Universität Halle und unterbrach die Fahrt, um den Freund wiederzusehen.

Chamisso führte an diesem Tag das Wachkommando an einem der Stadttore Hamelns. Wie einst zu Berlin in der Wachstube am Brandenburger oder Potsdamer Tor saßen die Freunde auch diesmal in der Wachstube und sprachen über ihre dichterischen und wissenschaftlichen Pläne. Spät am Abend spazierten sie auf dem mondhellen Stadtwall umher und versicherten einander, in gemeinsamem Schaffen verbunden zu bleiben, sobald Chamisso es doch noch gelänge, seinen Abschied vom Kriegsdienst zu erlangen.

Was *Fouqué* anregend vorbereitet hatte, löste *Varnhagen* jetzt aus. Nach dessen Abreise begann Chamisso sein erstes Prosastück und schrieb es in wenigen Tagen nieder. Er nannte es „Adelberts Fabel", nicht weil ihm kein objektiver Titel eingefallen wäre, sondern weil er andeuten wollte, daß sich in diesem romantischen Märchen eigenes inneres Erleben spiegele. Sogleich nach dem letzten Federstrich meldete er sich bei *Varnhagen.* Seinen Brief datierte er: „Hameln, den 25. April 1806. Von der Hauptwacht daselbst." Dem Freund in Halle sandte er die Fabel, „an der ich mich seit acht Tagen dumm gedacht und diese Wachtnacht von zehn Uhr des Abends bis sechs Uhr des Morgens blind geschrieben habe".

Chamisso hatte seit Mitte 1804, also seitdem sich die Dichtergenossen vom Nordsternbund nach Hamburg und Genf, nach Warschau und Caën und noch weiter fort zerstreut hatten, das Briefnetz zu ihnen gesponnen. Damit bewahrte er ihnen und sich die Geistesgemeinschaft. Seine Verlassenheit in Berlin, seine eruptive Mitteilungslust, die Teilnahme am Geschick der anderen, einsames Fragen und Klagen, Verlangen nach Trost und Zuspruch, das Suchen nach dem Sinn seines Seins, die Enge des Militärischen und die Sehnsucht nach Weltweite, schließlich das unsichere Tasten nach der Dichtkunst – all das hatte ihn in das Furioso des Briefeschreibens getrieben. Sein stürmisches Temperament jagte die Sätze, oft nur Satzfetzen, die Zeilen entlang, damit ja die Wörter im Galopp den Gedanken folgten. Seine Erzählfreude sprudelte, seine Einfälle sprühten im Esprit der Champagne-Heimat, seine Scherze polterten lustig-derb dazwischen in deutscher Deutlichkeit. Der flinke Formulierer flog übers Papier dahin, als säße er schon auf dem Flügelroß. Doch mitten im ungebremsten, oft auch unkontrollierten Schreibtempo konnte der Unruhige innehalten. Das Adagio einer gefühlvollen Passage ließ ihn verweilen. Dann kehrte sich ein seelenruhiger Chamisso nach außen, Reife schon mitten in der Jugend.

Die Motorik seines Stils riß mit. Seine Phantasie überraschte hinter vielen Ecken. Neugier schlug ihre Purzelbäume von Thema zu Thema. Sein Charme und seine Offenherzigkeit verbanden Schreiber und Leser zum imaginären Gespräch. Noch nicht aufgeschriebene Gedanken antworteten den schon geschriebenen. Chamissos Suggestion als Mitteiler zog seine Briefpartner so stark in sein persönliches Leben, daß sie sich ihm fast körperlich nahe wähnten. Noch heute verwandelt er sich im Sprung über die Zeit zu unserem geistigen Gast, wenn wir seine Briefe lesen, was bedeutet: wenn wir seine Seele lesen, sein Ich. Chamisso war als Briefschreiber schon ein Kunstjünger der Prosa.

Erbsenzähler mögen dem jungen Mann und sogar dem späteren Dichter vorhalten, in seine deutsche Diktion hätten sich Gallizismen eingeschlichen; er sei leichtfertig gewesen mit seinen Anakoluthen, den Satzabbrüchen, die grammatisch störten; seine expressive Wollust habe die Bedeutung von Vokabeln verschoben oder Wörter unstatthaft verändert und was nicht alles die Beckmesser in ihre Schmierhefte klecksen.

Bleiben wir vorerst bei den Briefen. Ihr Wortreichtum, der spontane Fluß der Sätze, die sprachliche Elastizität muten an wie ein Wunder bei einem jungen Mann, der sich erst vor wenigen Jahren diese Sprache über die Alltagsverständigung hinaus aneignete. Wenn der Franzose Chamisso in Deutschland heimisch wurde, dann zuerst in der Sprache dieses Landes. Frankreich trug er als Mutterland im Herzen, Deutschland wird er als Vaterland wählen, sich ihm verschreiben, sich ihm einschreiben als deutscher Dichter.

Schwer wird abzuwägen sein, was höher wertet, sein Ruhm oder unsere Bewunderung. Eines bleibt gewiß: sein Entschluß, Deutscher zu werden, reifte unbewußt im Umgang mit der deutschen Sprache während seiner jungen Jahre. Die Briefe waren sein großes Übungsfeld. Hier kann dieser und jener mißlungene Sprachsprung die Bravour des kühnen Neulings nicht mindern. Er zeigte sich qualifiziert zum ersten Ausritt in die Prosa des Landes, dem er jetzt schon diente.

Der Unruhige war mit „Adelberts Fabel“ nicht zufrieden. Er gestand *Varnhagen:* „Ich fühle, ich kann noch keine ruhige Prosa schreiben. Das Ding wird verzerrt genug dastehen. Das Ei ist gar zu frisch gelegt, und ich muß mir aus Erfahrung alles Urteil darüber absprechen.“ Dennoch legte er „einiges Gewicht“ auf das Probestück. Zwar besaß das allegorische Märchen wenig Originalität mit seinem in vielen romantischen Geschichten aufschwebenden Wunderweib, mit den Schicksalsweberinnen und dem ewigen Alten auf dem Weisheitsthron. Wie im Faustfragment will einer den Eispanzer seiner Existenz sprengen und in die Freiheit übermenschlicher Geister vorstoßen. Der Adelbert des Märchens müht sich für den Adelbert der Wirklichkeit, hinter den eigentlichen Adelbert zu kommen. Das Motto der Erzählung ist wichtiger als das Erzählte. Es hakt ein in

Chamissos Lebens- und Denkgeschichte; „auf die weite mühselige Wanderung auszugehen, um die Welt zu erschauen, sich selbst in ihr, sodann nachzudenken und zu begreifen, falls er's vermöchte". Hier schwingt schon eine Schlemihlsaite, mehr noch, eine Ahnungslinie in die Zukunft zu Chamissos Erdumsegelung in zehn Jahren.

Geradezu aktuell in der politisch-militärischen Situation des Frühjahrs 1806 konfrontiert das Märchen zum Schluß den leibhaftigen Adelbert mit seinen „Schicksalsgenien". Als ob er die dramatischen Geschehnisse, in die ihn der Herbst verwickeln wird, schon voraussehe, spürt er seine „innere Selbstmacht" und den auf sie eindringenden „Widerstreit der äußeren Weltmächte". Es erging ihm indessen mit seinem allegorischen Spiel wie dem Propheten, der das Geheimnis seiner Prophetie erst hinterher aufgelöst sieht.

Noch lag die Festung Hameln friedlich unter einem milden Sommerhimmel. Der Kurier brachte dem Kommandanten keine neuen Befehle, *Napoleon* war weit weg, Preußen neutral, Hameln ein braves Städtchen, das seine Kinder mit der Geschichte vom Rattenfänger abends zeitig in die sicheren Betten lockte. Trügerische Ruhe lullte die Besatzung ein. Der militärische Alltag überzog die Festung in der ganzen Breite seiner Langweile.

Mitte August verletzte sich Chamisso schwer das rechte Bein. Bis Ende September blieb er beschaulich in seiner Stube. „Zwei Chirurgen haben mein Bein in die Arbeit genommen. Der Morgengruß heißt also bei mir: Gib Pfote!" und Chamisso folgt „als ein gut abgerichteter Hund von Mensch. Trotz all ihrer löblichen Bemühungen wird der Schaden nicht größer." Schwerfällig doch frohgemut humpelt er einbeinig durch die Tage. „Mein Tisch ist doch noch besser dran. Er hat drei Beine." Auch wenn das invalide Möbel bei jedem Federstrich wackelt, verärgert es nicht den Schreibenden. Gutgelaunt ruft er im Brief zu *Varnhagen* nach Halle: „Glücklich zu preisen die fünffüßigen Hexameter, die ich gestern im Schwunge machte." Er ergötzt sich an

Terzinen, Stanzen, Sonetten und dichtet zwischenhinein übermütig das Lied von der Katze, bei der ein Edelmaus-Jüngling schlafen wollte. Es findet sich im Spiel „Fortunati Glücksäckel und Wunschhütlein".

Noch einmal ein Ausflug ins Drama und wiederum mehr deklamatorisch als dramatisch. Aber gerade die Deklamation fasziniert in ihrer funkelnden Sprache. Mit einem einzigen Schritt gelang hier dem Dichter der Fortschritt, nein: der Hineinschritt in eine souveräne Sprachgestaltung. Bislang konnte er nur in abgesparten Stunden hastige Prosa in seine Briefe packen, kurze Gedichte erfinden, ehe ihn ein Appell, ein Befehl aus der Höhe seiner Ideen ins Tiefland der Subordination pfiff. Jetzt, in der Ruhe seiner Krankenstube, lösten sich die Sätze, die Verse in ungehemmtem Auslauf. „Ich fühle mich!", hätte er mit Don Carlos jubeln können. Er drückte sich stiller, bescheidener aus: „Ich habe mich angebaut in meinem Lande, der ewig steten Welt der Wahrheit, der Ideen, der Dichtung." Einer kriegsschwangeren Gegenwart entzog er sich durch den Flug ins Reich höfischen Rittertums. Wie in „Adelberts Fabel" schlägt indessen ein realistischer Dauerwunsch durch:

> Mich reizt die Welt, die offen vor mir liegt.
> Sie zu erschauen treibet mich mein Herz.

Stille Stube und weithin tönende Welt – diese polare Spannkraft bestimmt weiterhin Chamissos Wirklichkeitstraum. Im Fortunatus-Spiel symbolisiert das Wunschhütlein seine Sehnsucht:

> Das Hütlein, das, auf lichtem Wunsches Flügel,
> schnell durch des Raumes Grenzen trägt den Mann.

Im „Peter Schlemihl" überquert der Erdenwanderer auf Siebenmeilenstiefeln minutenschnell das feste Land, und der Glücksäckel als Dukatenspeier fehlt auch dem Schlemihl nicht. So webt Chamisso variierend den Faden seiner Erfindung durch die Jahre, bis er selber die phantasierte Spur seines Schlemihls als reale Spur wird aufnehmen können. – Der „Fortunatus“ blieb Fragment. Chamissos Bein war geheilt. Der Kriegsdienst forderte ihn voll ein, denn Frankreich hatte nun auch Preußen den Krieg erklärt.

Napoleon rückte nach Norden vor. In Bamberg dekretierte er am 7. Oktober 1806: Alle Franzosen, die noch im preußischen Heer dienen, werde er vor ein Kriegsgericht stellen und zum Tod verurteilen lassen. Das Crescendo vernichtender Ereignisse war ausgelöst. Preußen antwortete einen Tag später mit einem Kriegsmanifest. *Varnhagen* kommentierte aus Berlin: „Man freute sich, daß wenigstens dieser Schritt getan war. Der heiße Durst nahm ein solches Aktenstück als einen Labetrank, und gierig wurde er hinuntergeschluckt.“

Die erste verläßliche Meldung war ein Schreckensstoß ins preußische Selbstbewußtsein. Das Idol des Landes, der volkstümliche Prinz *Louis-Ferdinand*, ein Neffe *Friedrichs des Großen*, hatte bei Saalfeld in einem Gefecht mit den Franzosen den Tod gefunden. Es ließe sich auch sagen: der Tod hatte ihn gefunden, denn der erste große Tote dieses Krieges blieb auch sein letzter Heros. *Varnhagen:* „Die Folge zeigt nur zu schrecklich, daß unter den Losen dieses Krieges einer Persönlichkeit wie der seinen kaum ein würdigeres beschieden sein konnte. Und: daß er darin vorwurfsloser und beneidenswerter erscheinen durfte als die meisten seiner Kriegsgefährten. Der finstere Anfang weissagte nichts Gutes.“ Schon wenige Tage später brach die nationale Katastrophe mit ihrem ersten Vernichtungsschlag auf Preußen hernieder. Seine Armee wurde am 14. Oktober von *Napoleon* besiegt – bei Jena und Auerstedt, zwei Namen, die heute noch, wenn sie zusammen genannt werden, an den dunkelsten Tag in der Geschichte des Landes erinnern. Die flinken Franzosen erschienen in Leipzig, in Dessau, in Magdeburg. Am 19. Oktober rückte *Napoleon* in Halle ein. Aus seinem Hauptquartier schrieb er an König *Friedrich Wilhelm III.* von Preußen: „Ich werde ewig bedauern, daß unsere beiden Völker, die aus so vielen Gründen zusammenstehen sollten, in diesen unbegründeten Streit hineingetrieben worden sind.“

Der König antwortete mit seiner Flucht, die Hallenser Studenten mit ihrem Fluch. Während der Sieger den imperatorischen Brief diktierte, versammelten sich die Hitzköpfe vor dem kaiserlichen Hauptquartier und schrien: „Pereat – Er gehe unter!" *Napoleon* hielt nichts von Schicksalsstimmen, erst recht nichts von kollektiven. Er ließ die Universität schließen. *Varnhagen,* derzeit in Berlin und bislang hoffend, seinen Freund Chamisso an die Universität Halle nachzuziehen, sah seine wissenschaftliche Heimat zerstört. Er sorgte sich um seine Kommilitonen ebenso wie um die ihm befreundeten Familien in Berlin. Hier „war jetzt nur Not und Sorge. Keine Behörde trat wirksam auf, alles war sich selbst überlassen."

Das Königspaar, die Höflinge, die Ministerialen waren geflohen, durch Steins raschen Zugriff samt Königlichen Kassen. Der König hinterließ seinen „lieben Berlinern" die kostenlose Ermahnung: „Ruhe ist die erste Bürgerpflicht." Minister *von der Schulenburg* veröffentlichte das Abschiedswort des Landesvaters und folgte seinem Souverän in Richtung Osten. Die verlassenen Landeskinder taten, was sie jeden Herbst taten, wie es Chamisso beobachtet hatte: sie kellerten Kartoffeln ein. Mehr als früher. Eines der Menetekel hieß Hungersnot.

Napoleon zog am 24. Oktober in Potsdam ein. Sein erster Weg führte zum Schloß Sanssouci. Statt der Wachsoldaten fand er nur einen alten Mann, der nicht einmal wußte, daß der Kaiser der Franzosen vor ihm stand. Der Adjutant übersetzte den Wunsch *Napoleons,* das Sterbezimmer Friedrichs zu sehen. Der Kaiser trat ein, allein, verweilte lange, stand stumm in dem Raum, in dem der von ihm verehrte *Frédéric le Grand* die Welt verlassen hatte. In dieser Stunde, diesem Raum begegneten sich das friderizianische und das napoleonische Zeitalter in ihren Namensgebern, als Genius loci noch anwesend der eine, noch machtvoll handelnd der andere. Kein Zeuge erlebte dieses welthistorische Intermezzo.

Drei Tage wohnte *Napoleon* auf Sanssouci, wie stets in kurzen Worten vieles befehlend, aber auch einsam langen Gedankengängen folgend. Als er schied, ließ er den Degen *Friedrichs* sorgsam verpacken und nach Paris senden, nicht als Beutestück, sondern als kostbare Reliquie, Erinnerung an den Vorangegangenen, den gekrönten Feldherrn, der wie er den Thron mit dem Schlachtroß vertauscht hatte. Das kalte Gesicht *Napoleons* verriet nichts von seinen Gedanken, als er an der Spitze seiner Garden nach Berlin ritt und früh am Nachmittag des 27. Oktober 1806 die Stadt erreichte. Er zog ein durch das Brandenburger Tor, vorbei an dem Wachlokal, in dem vor Jahren ein anderer Franzose, ein unbekannter junger Leutnant Chamisso, mit seinen deutschen Freunden poetisiert hatte.

Der junge Leutnant saß jetzt untätig in der Festung Hameln. Mit einem Epigramm beklagte er, weder ein rechter Soldat, noch ein echter Dichter zu sein. Er empfahl sich selber:

Auch Du, mäßiger Held, laß, redlicher Franke, Dir raten,
Bleibe Du lieber davon, lasse das Dichten nur sein.

Zum Dichten fand er während der kommenden Monate ohnehin keine ruhige Stunde mehr. „O der schönen Tage meiner Einfüßigkeit!“, trauerte er der Schreibseligkeit nach, der er sich in seiner Stube hatte hingeben können. Jetzt war sein Bein gesund. Er war wieder dienstfähig. Der Katarakt der Katastrophen sprühte schon bald seine grimmige Gicht übers Land.

Die Nachrichten aus Halle und Berlin hatten Hameln noch nicht erreicht. Nur das kaiserliche Dekret vom 7. Oktober aus Bamberg war bekannt geworden. Die Drohung *Napoleons,* jeden bei den Preußen dienenden Franzosen erschießen zu lassen, provozierte oder verschreckte die Emigrantensöhne. Hatte Chamisso noch am 5. November sinniert: „Für mich ist in diesem Jahrhundert kein Degen gewachsen, zu einer Feder muß ich noch mich retten“, so überwand der Soldat in ihm noch am selben Tag den inneren Zwiespalt, als er von dem Beschluß *Napoleons* erfuhr. „Das kaiserliche Dekret hat manches zur Sprache kommen heißen, das in mir war. Ich bleibe getrost in Reih und Glied gegen mich selber.“

Von einem Tag zum anderen verwandelte sich der unmilitärische Ästhet in einen begeisterten Soldaten. Wir glauben kaum, denselben Chamisso zu vernehmen: „Ein Herrliches ist doch Soldatensein und Krieg! So ganz alle niedere Privatrücksicht auf das einzelne in das allgemeine Große aufgelöst! Von allen alles ohne Rückhalt an eine Idee gesetzt – an die Ehre, das einzige Lebendige noch." Er verachtet, „unsere winzige, schmächtige Zeit, in der Staaten und Völker nur ungeglaubte Worte sind, von Schelmen an Toren gesprochen, wo Kunst, Religion, Wissenschaft nur von einzelnen gepflegt werden, die Schwärmer heißen". Er steigert sich wie in einen Rausch: „Der Ehre Priester aber ist der Soldat, und Krieg ihr Dienst."

So äußerte sich ein Chamisso, wie wir ihn bisher nicht kannten, am 22. November 1806 gegenüber *Varnhagen.* Sein Brief ist viele Seiten lang, ein Hauptkapitel in seiner Lebensgeschichte. In diesem Selbstzeugnis bereitet sich seine Wandlung vor: vom Franzosen zum Deutschen.

Schon im Frühjahr hatte der Tatendurstige in ihm dem anderen in ihm, dem Federmenschen, zugerufen: „Der Worte genug! Was Taten heischt, heischt keine Worte!" Der Kraftausdruck ohne ernsten Entschluß realisierte sich jetzt zum Willensakt, als die Tragödie Preußens und – in ihrem Abbild – das Trauerspiel Hameln ihn tief verletzte.

Die Hiobsstaffel der Nachrichten erreichte die Festung im November. Die Eskalation von Austerlitz über Jena, Auerstedt, Halle bis zum Fall Berlins begriff der einfache Soldat so eindeutig wie seine Generale. Nur die Folgerungen waren verschieden.

Der Chronist *Varnhagen* berichtet: „Mittlerweile hatte die Niederlage Preußens von Tag zu Tag sich größer und schmachvoller kundgegeben. Waren die verlorenen Schlachten, die verkehrten Maßregeln, die Ratlosigkeit und der Unbedacht der Regierung arg zu nennen, so übertrafen doch die Kapitulationen und Übergaben der Festungen alles, was man sich hatte als möglich denken dürfen. Der Fall von Magdeburg schien ein Traum. Ohne Schwertstreich eine Besatzung von 20000 Mann kriegsgefangen und jenes starke Bollwerk des Staates ohne Schuß übergeben zu sehen, wollte man nicht für Wirklichkeit halten. An das Unglaubliche grenzte es, daß Stettin und nun gar Küstrin, fast unangreifbar zu achten, durch feige Erschrockenheit der Befehlshaber, die überall von demselben Schwindel befallen waren, sich den ersten Annäherungen französischer Reiter eiligst ergeben hatten. Man erlag der Schande, die auf das preußische Kriegswesen gefallen war, man vermochte den Gedanken dieser Schmach nicht zu fassen. Im Übermaß des Schmerzes schimpften die Preußen selbst am heftigsten auf ihre unglücklichen Landsleute. Ein preußischer Offizier galt sonst als der Inbegriff der Ehre, des tapferen Stolzes und der tüchtigsten Kriegskunde, jetzt war der Name eine Bezeichnung der prahlhaften Feigheit, des erbärmlichsten Unwertes. Man blickte mit Empörung auf die herrschende Gewalt zurück, die sich das Militär in allen Verhältnissen angemaßt hatte."

Wie die Festungen Magdeburg, Stettin und Küstrin wurde auch die Festung Hameln übergeben – ohne Schuß und Schwertstreich. „Wurde" übergeben, passiv also, denn im Aktivum ist zu berichten: Die jungen Offiziere und die Mannschaft wollten den Kampf, wollten dem Gegner ihre Überlegenheit beweisen, wollten sich notfalls durch die Feindlinien schlagen, nach Osten durchbrechen und sich mit versprengten preußischen Truppen vereinen. Sie wollten! Aber sie wurden ihrer soldatischen Ehre beraubt. Ihr General, nicht anders als die feigen Befehlshaber der anderen Bollwerke, übergab die Festung Hameln mit Mann und Mauer der anrückenden Gewalt. So viel Glück hatte der Stratege *Napoleon* gar nicht eingeplant. Wo er teutonische Kampfwut erwartet hatte, fand er kampflose Ergebenheit. War es so? Oder hatten die Generale ohne Genie, alle ohne das Format eines *Gneisenau*, der 1807 Kolberg erfolgreich gegen *Napoleon* verteidigte, doch die tiefere Einsicht, daß sie dem größten Feldherrn ihrer Zeit gegenüberstanden? Daß jedes Verzögern seines Sieges nur den sinnlosen Tod ihrer Soldaten bedeuten mußte?

Nach jeder Übergabe stellt sich diese Frage neu. Die Antworten darauf füllen ein Spektrum vom emotionalen Aufbegehren bis zum kalten Kalkül, vom Schmerz verletzter Ehre bis zum Aufatmen, einem nutzlosen Tod entronnen zu sein. Heldentum ohne Sinn bleibt blindwütig, Handeln nach Vernunft hat wenig Glanz, oft nur den fauligen Schimmer von Verrat. Wer will hier abwägend prüfen und entscheiden?

Dieses Fragezeichen steht auch über dem 21. November 1806 in der Festung Hameln. Chamisso gab leidenschaftlich seine Antwort: „Muß ich denn, um den Zorn zu kühlen, Trivialitäten niederschreiben!" Er weist die militärische Stärke der Festung nach, die Chancen der Verteidigung, die Fehlentscheidungen des Kommandanten. Innerhalb weniger Tage hätte eine mögliche Durchbruchstelle durch einen Erdwall verriegelt werden können. „Aber nein, die Bresche bleibt offen, und der General ist indes bemüht, Abtritte auf den Forts erbauen und die Schilderhäuser schwarz und weiß nach preußischer Art anmalen zu lassen." Während „wir jungen unwissenden Infanterieoffiziere", ohne Hilfe und Antrieb von oben, Maßnahmen zur Verteidigung trafen, sann der Kommandant „nur auf Mittel, den Verrat ins Werk zu setzen".

Chamisso durchschaute das Täuschungsspiel. Alles Dichterische hatte sich von ihm abgelöst wie eine zersprungene, zerbröckelnde Glasur. Er ist jetzt nur noch Soldat, fiebernd in Kampfbereitschaft. Sein feuriger Zorn reißt ihn empor zum kriegerischen Ideal: „Offiziere und Gemeine im Einklang hoher Begeisterung hegten nur Einen Sinn und Einen Gedanken. Es galt in herzhaftem, zwiefachem Widerstreit, bedroht und bedrängt vom äußeren und inneren Feind, den alten Ruhm zu behaupten. Nicht ein Rekrut, nicht ein Tambourjunge wäre abgefallen!" Emphatisch rief er aus: „Ja, wir waren ein festes, treues, ein gutes, starkes Kriegsvolk!" Vergessen war der Gamaschendienst in der Garnison, verweht die Unlust am Militär, verklungen die zierlichen Verse. Wie er vor über zwei Jahren an *Eduard Hitzig* geschrieben hatte, „durch Schlachten mich schlagen, in Tat und Schall mich ins Äußere ergießen", diese Hochstimmung möchte sich jetzt entladen in Kampf und Mannesmut. Keine Federkünste auf friedlichem Papier. Tinte nicht, nur Taten gebieren Helden. „Ein Herrliches ist doch Soldatensein und Krieg!“ Der gebremste Tatmensch klagt wie ein Gefesselter: „O hätten Männer an unserer Spitze gestanden!“

Noch einmal steigerte sich der bislang sanfte, zurückhaltende Chamisso. Der dichtende Sonderling, wie ihn seine Kameraden stets belächelt hatten, riß in einer Versammlung der Offiziere das Wort an sich. Ein General, der eine kraftvoll bemannte Festung kampflos übergeben wolle, so beschwor er in leidenschaftlicher Rede die Fähnriche, die Leutnants, die Hauptmänner, ein solcher Kommandant „hat selber sich gerichtet und gebunden. Wir können kein Zutrauen mehr zu ihm hegen. Ohne Haupt sind wir! Das ist das Gebrechen. Alle Eines Sinnes, fest auf uns vertrauend, laßt jeder seinen Namen auf einen Zettel schreiben und in einen Hut werfen. Wir wollen ihn schwingen, und das Los gebe uns ein Haupt. Laßt dann die Regimenter unter die Waffen treten, die Tore öffnen und ausrufen: wer nicht kämpfen will, bis er falle, der ziehe davon. Wir brauchen seiner nicht. Schwört sodann in die Hände des neuen Kommandanten und laßt den König hochleben!“

So sprach Chamisso am Vorabend des 21. November 1806. Seine Rede flammte hoch wie ein Leuchtfeuer. Er hatte seine ganze Seele wie einen Feuerstrom in seine Worte gegossen, einen Brand in den Herzen seiner Kameraden entzündet. Durchpulst von glühendem Glück wurde er sich blitzhell bewußt, auf einem Höhepunkt seines Daseins zu stehen. Später wird er ausrufen: „Bei Gott, es ist so schön, nur einen Augenblick wie den zu Hameln zu leben, und würdig, eines Lebens Preis zu sein. Ja, es ist schön, ist herrlich und Schuften nicht zugemessen, nur Wesen zugemessen, die ihrer Höhe stolz sein dürfen.“

Vielleicht hätten die begeisterten Offiziere auf das Auslosen eines neuen Kommandanten verzichtet und spontan den charismatischen Chamisso zu ihrem Führer ausgerufen; vielleicht wäre Hameln zu einem zweiten Ruhmesort wie Kolberg geworden, und dann das dritte Vielleicht: der kampfesmutige Chamisso hätte sich noch anderswie soldatisch qualifizieren können und dann den Dichter in sich zurückgedrängt. Schon verherrlichte er den Krieger: „Unbewußt lebt er Poesie. In seinen Kriegen ist er nach dem Dichter der nächste bei Gott. Ich habe es gefühlt!"

Noch so viele Vielleichts erzeugen keine Fakten. Sie bleiben Gedankenspiele. Nur der reale Vorgang entscheidet in dem einen Augenblick der Gegenwart, bestimmt von diesem Punkt an die Linie in die Zukunft. Jäh erlitt Chamisso diese Erkenntnis. Eben noch der wie ein Phönix emporgestiegene Heros der nächsten Stunde, des kommenden Tages, sank er in einer Minute zurück in die Asche von gestern. Sein Appell an die Ehre wurde messerscharf abgeschnitten. Sein Wort zerbrach unter Trommelknall. Alarm dröhnte durch die Gänge der Festung. Im militärischen Reflex stürzten die Offiziere hinaus. Chamisso stand allein in dem Versammlungsraum. Seine Feuerrede verrauchte ins Nichts. Es war zehn Uhr abends. Zwölf Stunden später, um zehn Uhr am Morgen des 21. November, übergab der General die Festung und die Truppen. Das Chaos der heimlich vorbereiteten und schnell vollzogenen Kapitulation rettete den preußischen Leutnant vor dem Standgericht. Er wäre wegen Rebellion und als Meuterer erschossen worden. Die kampflose Übergabe rettete auch den Emigrantensohn vor dem französischen Kriegsgericht, da er nicht gegen Frankreich gekämpft hatte.

Über die Ereignisse in Hameln mußte Chamisso später einem Ehrengericht sein Memoire einreichen. Er schrieb es pflichtgemäß, in der aufrechten Gesinnung, wie er sie in den kritischen Tagen bewiesen hatte. Der Schluß seiner klaren Darlegung lautet: „Wenn ich von dem Grundsatz ausgegangen bin, daß es schmachvoll sei, eine Festung dem Feind zu überantworten und ihm deren Besatzung gefangen zu liefern, wenn noch kein Angriff auf diese Festung geschehen, keine Laufgräben vor derselben eröffnet worden sind, wenn der Feind die flüchtige Berennung aufgehoben hat, die Bürgerschaft gefaßt und die Besatzung voller Mut ist, dann brauche ich mich nicht auf den

Buchstaben des Kriegsreglements *Friedrichs* berufen. Mögen denn die Urheber der Kapitulation Hamelns für den neuen Schandfleck, den sie dem deutschen Namen angehaftet haben, büßen." Chamisso schließt sein Memoire: „Ich halte dafür, daß wie in jeder Ehrensache der Mann für sein Wort stehen muß, ich begehre also nicht, daß mein Name von meinen Worten getrennt werde." Kein gebürtiger Preuße hätte preußischer schreiben können. Das Dokument ging ein in Preußens Militärgeschichte.

Die Besatzung Hamelns wurde gefangengenommen, weggeführt wie einst der Rattenfänger die Kinder Hamelns weggeführt hatte. Chamisso erhielt als Franzose den Status eines Gefangenen auf Ehrenwort und einen Paß nach Frankreich. „Dort will ich mich eine Zeit verbergen", schrieb er zum Abschied an *Varnhagen*, „bis ich mich wieder unter Euch einfinde." Dann spricht er zum ersten Mal sein Bekenntnis zu Deutschland aus: „Ein Deutscher, aber ein freier Deutscher bin ich in meinem Herzen und bleib' ich auf immerdar." Er wird in das erwählte Vaterland zurückkehren. Doch jetzt „bin ich auf der Pilgrimfahrt begriffen nach dem Mutterlande". Anfang Dezember reiste Chamisso nach Paris.

6 Das Blatt gerissen vom Baum

Der Heimkehrer fand ein anderes Frankreich vor, als er gehofft hatte. Die Familie war zerrissen, das Land ihm entfremdet. Er wußte nicht, daß seine Mutter schon am 20. Oktober, sein Vater zwei Wochen danach gestorben waren. Einige der Geschwister lebten noch in der Champagne, die anderen in Paris und Troyes. Chamisso fand nicht mehr seine Familie als schützenden Hort, fand auch keinen Zugang zu der antiquierten Aristokratie, der seine Vorfahren angehört hatten. Der Protz der bürgerlichen Neureichen stieß ihn ab, heftiger noch der Versuch seiner Geschwister, ihn standesgemäß zu verheiraten, ihn, den Vaganten, als Seßhaften gesellschaftlich einzubinden.

Aus Paris schrieb er am Tag vor Heiligabend an *Varnhagen:* „Das Alte ist nicht mehr, noch nicht das Neue. Ich habe mich noch nicht besonnen. Ich bin vater- und mutterlos – ich stehe allein, allein! Auch hab' ich nicht einmal eine Wohnung, nicht ein Tintenfaß, habe gar nichts! Laß von Zukunft mich schweigen. Ob Spinnengewebe oder Taue vor mir gespannt sind, weiß ich nicht. Paris kann eine Schule sein. Frankreich ist mir verhaßt, und Deutschland ist nicht mehr und noch nicht wieder."

Er verließ Paris, um die einzelnen Geschwister aufzusuchen. In der Postkutsche kritzelte er am 10. Januar 1807 einige Zeilen an *Hitzig*: „Ich fahre diese Straßen auf und ab im Innern Frankreichs, weiß noch nichts von meinem künftigen Schicksal. Ich bin wie das Blatt gerissen vom Baum, bin jetzt elternlos."

Vom Tiefpunkt seiner Resignation her sendet er den Freunden eine Fortsetzungsepistel verzweifelnden Klagens. Er fühlt schon voraus „die Tage des grauen Alters mich Einsamen stumm und kalt überschleichen". Das bleibt sein Komplex während der zweiten Lebenshälfte: alt und grau. Durch seine Briefe und Gedichte zieht sich das Widerspiel von Jugend und Alter. Da wäre viele Seiten lang zu zitieren. Jetzt in Frankreich scheint ihm sein Schicksal schon verschattet. Niedergeschlagen vergleicht er sich mit den Freunden: „Sechsundzwanzig Jahre bin ich alt! Und wie gelehrt Ihr schon seid, also unwissend bin ich noch. So sehr verspätet hab' ich mich. Auch zu Brotämtern seid Ihr tauglich schon, und ich selbst kann es werden nimmermehr."

Chamissos depressiver Zustand vernebelt ihm das Urteil über sein Können und seine Leistung. Selbstquälerisch verwechselt er ungünstige Umstände mit mangelnder Fähigkeit. Dabei hatte er schon bewiesen, zu welch Außerordentlichem er imstande war. Mit der Stoßkraft seiner Genialität und der Disziplin seines Fleißes hatte er sich das vielräumige Gebäude der deutschen Sprache geöffnet. Er hatte die Architektur ihrer Grammatik bis zum kleinsten Tragebogen in sein Gedächtnis gezeichnet, ihre vielfältige Wortsubstanz in sich aufgesogen, bis ihm das Erworbene zur eigenen Sprachnatur wurde – so selbstverständlich, daß er mit einer Elite junger gebildeter Deutscher als Gleicher literarisch hervortreten konnte.

Nur wer selber aus seiner Muttersprache überwechselte in die Sprache eines Gastlandes, vollends in sie eintauchte, in ihr bald redet wie ein Einheimischer, sie sogar musikalisch verschönert mit slawischem oder romanischem Timbre, wer aus der Fülle des gewonnenen Wortschatzes sprechend und schreibend lebt, als ob er mit dieser Sprache von kindauf geistig gereift sei – nur solche erfahrenen Frauen und Männer wissen ganz, was Chamisso in jenen jungen Jahren schon geleistet hatte. Damals, während des Frühjahrs 1807 in Frankreich, war ihm der Blick noch verhangen.

An dem einen Tag schreibt er: „Ich bin entzweit mit meiner

Feder“, weil ihm kein Brief gelingen will, am anderen Tag monologisiert er wie Hamlet vor sich hin: „Geduld und Ungeduld und Schlaf, das heißt mein Leben. Ich muß meine Besinnungskraft mit beiden Händen fest drücken, um nur zu denken, daß ich wirklich ehemals anders gewacht und gewirkt und derselbe bin, der es also nach wohlhergeleiteten Schlüssen künftighin wie vorher treiben kann. Sonst käm' ich mir vor, als säh' ich meine, eines Ertrunkenen Leiche am Gestade einer grünen Insel liegen.“

Einmal ironisiert er sich als „glatten runden Deutschen“, ein andersmal betont er: „Vieles im Mutterland hat ein Recht auf meine Liebe.“ Der heitere Sommer in der Champagne stimmt ihn ruhiger. Er resümiert sachlich: „Es ist mit mir gespielt worden, so daß ich viele Zeit verlor. Ich weiß noch nicht, wie es wird und wann ich die Taue abhauen werde.“

Während des Aufenthaltes in Frankreich besuchte er *Louis de la Foye* in Caën, den Mitbruder aus dem Nordsternbund. Der französische Freund hatte sich endgültig zum bürgerlich wissenschaftlichen Leben entschlossen, war wieder ganz Franzose unter Franzosen geworden. Sich mit ihm vergleichend, litt Chamisso von neuem unter seinem Zwischenstadium. Die Herzbindung an Frankreich und die Sehnsucht nach Deutschland marterten sein Gewissen. Zudem belastete ihn die gestörte Beziehung zu den Geschwistern. Sie schalten ihn unverständig, sogar undankbar, weil er sich von ihnen nicht in finanziell und gesellschaftlich günstige Verhältnisse eingliedern ließ. Lieber schlug er sich mit der mageren Rente durch, wie sie ihm nach der Erbteilung zugesprochen wurde. Unruhig streifte er durch die Champagne, hielt sich immer wieder vor, wer er war – ein Niemand, ohne Studium, ohne Broterwerb, ohne Beruf, ohne Namen, ein deklassierter Adliger, der nirgendwo hingehörte. Von Tag zu Tag spürte er deutlicher, freudiger, überzeugender: Er gehörte nur zu seinen Freunden jenseits des Rheins.

Wollte er im März noch keinen „festen Stift in die Zukunft einschlagen“, so kramte er im Sommer schon, blickend „auf die kurze Lebensreise“, in seinem „Erfahrungskasten“ und angelte

Oben: *Julius Eduard Hitzig.* Stahlstich von *Joseph Leudner* nach einem Gemälde von Franz Krüger. Darunter: *Friedrich Baron de la Motte Fougué.* Stahlstich von *Friedrich Fleischmann* nach einer Zeichnung von Wilhelm Hensel.

die Binsenwahrheit hervor: „Es gilt alles den Preis, den es kostet.“ Erst recht die Freiheit. Er bezahlte sie mit Armut. Schon flog ihm ein leichter Spott zu: „O wer doch von den Franzosen den nichtshabenden Franzosen sehen würde“, den Unbehausten, der besitzlos dahinlebt und wie ein Preuße seine Armut verwaltet. Schulden, das ist ihm „ein Wort des Mißtons. Solide Männer, wie wir sein sollen, dürfen unter keinerlei Vorwand mehr brauchen, als sie haben. Das ist meine Idee über Schulden.“

Im September schlug er dann mit einem Entschluß, fest wie ein Hammerschlag, den Stift in seine Zukunft ein: Er kündigte den Freunden die Rückkehr nach Deutschland an. „Gerissen und gelöst alle Bande. Das Alte ist nicht mehr, das Neue soll beginnen.“ Im letzten Brief an *Varnhagen* bat er, ihn bei *Fouqué* in Nennhausen zu erwarten. Er schnallte sich sein Reiseränzlein auf den Rücken und zog ostwärts zum Rhein, frohgemut in der Gewißheit:

Freundschaft ist ein Knotenstock auf Reisen.

In Nennhausen, nahe dem heutigen niedersächsischen Bad Nenndorf, traf Chamisso mit *Varnhagen* und *Fouqué* zusammen. Ein Tag des Wiedersehens, des Wiederhabens. *Varnhagen* berichtet: „Der Freund brachte aus seiner Heimat die neuesten Nachrichten, Ansichten und Stimmungen des kaiserlichen Frankreichs mit, von denen wir indes wenig erbaut waren. Er selbst wandte willig und entschlossen dem französischen Treiben den Rücken zu, um sich ganz und ausschließlich in das Leben deutscher Dichtung und Wissenschaft zu versenken.“

Die abnehmenden Oktobertage mahnten bald zum Aufbruch, denn Chamisso und *Varnhagen* wollten wie fahrende Scholaren nach Hamburg wandern. *Fouqué* begleitete die Freunde ein Stück Wegs. Nach zwei Tagesmärschen erreichten die beiden in Perleberg die Straße nach Hamburg. Chamisso hatte sich die Füße wundgelaufen. Sie warteten deshalb die nächste Postkutsche ab und rollten bei heiterem Gespräch der Elbe entgegen. Am Nachmittag des 20. Oktober trafen sie in Hamburg ein. Chamisso fand in dem Haus, das *Varnhagen* mit Mutter und Schwester bewohnte, ein behagliches Quartier. Er fühlte sich seelisch und physisch wohlaufgenommen, in Deutschland wieder aufgenommen.

Zwei Wochen lang genoß Chamisso die Gastfreundschaft *Varnhagens,* einen „fröhlichen Aufenthalt“ nach den tristen Monaten. Seine Sorgen um die Zukunft pausierten. Er lebte voll die Gegenwart. Vergnügt war er sich bewußt, daß kein Ungemach ihm hier auflauern könne. Die geistreiche Eloquenz *Varnhagens* ergötzte ihn, und der Umgang mit seiner Schwester *Rosa Maria* erquickte seine nun nicht mehr einsame Seele. Kurzum: er war glücklich.

Seine heitere Stimmung steigerte sich während der Kaffeestunde der Nachmittage. *Varnhagen* war dann meist ausgegangen, und Chamisso, der noch nicht recht laufen konnte, saß bei den Damen, erzählte ihnen, lachte mit ihnen, gehörte ihnen. *Varnhagen* berichtet: „Er blieb zu ganzen Tagen im Haus, anfangs wegen einer Fußverletzung, dann auch aus Neigung und Behagen. Seine Mitteilungen und Ausdrucksweise waren für Mutter und Schwester die reichste und belebendste Unterhaltung und daher für ihn selbst um so befriedigender.“

Einige Male gesellte sich eine junge Dame zu der nachmittäglichen Kaffeerunde. Sie hieß *Amalia Weise,* stammte von der Insel Fehmarn und war neun Jahre jünger als *Rosa Maria.* Unter dem Namen *Amalia Schoppe* wurde sie eine vielgelesene Schriftstellerin des 19. Jahrhunderts. *Rosa Maria* und *Amalia* waren einander in schwesterlicher Liebe zugetan und teilten sich bald in die Freundlichkeiten, die ihnen der chevalereske Gast widmete. Auch wenn er hin und wieder einen munteren Reim in das Gespräch gaukeln ließ, erkannte *Amalia* nicht den Dichter in ihm, so wenig wie Chamisso hätte ahnen können, daß das quirlige Mädchen später über zweihundert Bücher schreiben und mit seiner Prosa mehr Drucker auf Trab halten werde als er jemals mit seinen Gedichten.

Amalia – wie Chamisso – ganz der Gegenwart hingegeben, sah und hörte nur den jungen Herrn. Nie zuvor hatte sie männliche Schönheit und liebenswürdige Gescheitheit derart verwoben in einer einzigen Person erlebt. Sie himmelte Chamisso an. Versonnen genoß sie diese Stunden noch nach, als sie schon eine alte Frau war und in ihren „Erinnerungen" schrieb: „Adelbert von Chamisso war eine schöne, recht ritterliche Erscheinung, die ebensowohl imponierte, als durch das sanfteste, edelste und liebevollste Gemüt zur Liebe zwang. Trotz seines bedeutenden Geistes hatte er einen wahrhaften Kindessinn, eine Seelengüte und Seelenunschuld, wie man sie wohl selten mehr findet; auch liebte man ihn schwärmerisch, was man jetzt wohl gestehen darf, da das Haar bereits zu grauen anfängt."

Die reifere *Rosa Maria,* warmherzig und klar in ihrem Reden und Tun, sah den jungen Chamisso ähnlich, schilderte ihn jedoch anschaulicher. Dem gemeinsamen Freund *Eduard Hitzig* ließ sie das Medaillon zukommen oder, wie es *Hitzig* ausdrückte, das „Bild der Erscheinung des damals 26jährigen Jünglings, von zarter Frauenhand entworfen".

Der Text lautet: „Chamisso trug eine elegante polnische Kurtka mit Schnüren besetzt, ging mit schwarzem natürlich herabhängendem Haar, mit einer leichten Mütze, was ihm sehr wohl stand, und einem kleinen Schnurrbart, der seinem geistreichen Gesicht voller Ernst und Güte, seinen schönen sprechenden Augen voller Treue und Klugheit einen eigentümlichen Ausdruck verlieh, so daß er als eine angenehme Erscheinung auffiel. Bekannte erkundigten sich, wer der schöne Mann gewesen sei, mit dem sie mich auf der Straße hatten gehen sehen. Zugleich war er von ritterlicher Höflichkeit und Galanterie, ein Erbteil seiner französischen Abkunft, die manchmal einen Anstrich von Steifheit hatte, weil sie echt altritterlich war, sich im ganzen aber sehr gut an ihm machte, so daß man ihn sich gern als einen ritterlichen Troubadour hätte denken mögen. – Mit seinem lieben Gemüt, seinem ausgezeichneten Geist, wußte er Zustände und Verhältnisse, bald mit Ernst und Gefühl, bald mit Witz und Humor, immer richtig aufzufassen. Manchmal war er voll der heitersten Laune, fröhlich wie ein Kind, zu Spiel und Scherz aufgelegt. Er sprach das Deutsche zwar nicht ohne Anstoß, an sich war es jedoch vortrefflich und die Unterhaltung mit ihm immer angenehm und interessant. Ich mochte ihn am liebsten deutsch sprechen hören. Alle diese liebenswürdigen Eigenschaften, seine Innigkeit und Treue, Verstand und Güte, gaben sich in seinem Wesen kund. Man mußte ihn bald lieb haben, ihm volles Vertrauen schenken."

Rosa Maria hatte das Kennwort für sich und ihn gegeben: Vertrauen. Sie wird seine vertraute Freundin bleiben. Kein Ansturm von Leidenschaft, kein Sonnenbrand der Liebe, keine Nebelschwaden des Mißverstehens werden beider klares Verhältnis stören. Chamissos Briefe an *Varnhagens* Schwester sind die subtilsten, die er an Frauen schrieb.

Die glücklichen Tage in Hamburg endeten. *Varnhagen* wollte seine vielfältigen Verbindungen in Berlin wieder aufnehmen. Chamisso schloß sich ihm an, um endlich seinen Status als ziviler ansässiger Bürger zu regeln. *Varnhagen:* „Wir hüllten uns gegen das einbrechende Winterwetter in unsere guten Mäntel und harrten die langsame Postreise, die uns nach Berlin zurückführte, geduldig aus. Überall, wo wir durchkamen, sahen wir französische Truppen und Verwaltungen zum Überwintern in das bedrückte Land aufgeteilt. Ein trauriger Anblick, der dadurch nicht besser wurde, daß auch die Franzosen dieses Los gar nicht beneidenswert fanden."

Anfangs wohnten die Freunde in einem Zimmer zusammen. Sie hatten „die Zuflucht der stillen Einsamkeit" gesucht und meinten, eine ideale Lösung gefunden zu haben. *Varnhagen*: „Wir konnten beide stundenlang schweigen, um uns im Arbeiten nicht zu stören. Wenn wir uns hinwieder dem Gespräch bis in die tiefe Nacht überließen, so erfreuten wir uns der vertraulichen Nähe. Allein im Grunde verträgt nur die erste Jugend solch unbedingte Kameradschaft. Späterhin lassen tausend Umstände es nicht so leicht vergessen, daß man zu zweien ist."

Wie fast alle feinfühligen Intelektuellen war *Varnhagen* gegen jeden Laut, gegen jede Störung empfindlich. Unwillig litt er unter dem Tabaksqualm Chamissos, der „mit der brennenden Tabakspfeife zu Bett ging". Der müde *Varnhagen* zwang sich, „sein Einschlafen abzuwarten, damit kein Feuer entstünde, was Chamisso als etwas Unmögliches nur belächelte". Zum guten Ende hielt es auch Chamisso für besser, getrennt zu wohnen und frei vom Zwang des Alltäglichen das höhere Gut Freundschaft zu pflegen. „Wir haben das Einwohnen desselben Zimmers aus vernünftigen Gründen aufgegeben, sind uns ganz nah im selben Gebiet und können uns in Pantoffeln über die Straße erreichen."

Chamisso begann das Jahr 1808 mit seinem Gesuch um die förmliche Entlassung aus dem Militärdienst. Schon eine gute Woche danach unterzeichnete der König das ersehnte Dokument: „Auf Eure Vorstellung vom 2. dieses Monats bewillige ich Euch hiermit den nachgesuchten Abschied aus Meinem Militärdienst, will Euch auch zugleich die Erlaubnis erteilen, die alte Armee-Uniform zu tragen. Wegen des Charakters als Capitain hingegen muß Ich Mir Meinen Beschluß noch bis nach Beendigung der jetzt verhängten Untersuchung über das Benehmen der einzelnen Offiziere im Felde vorbehalten.

Ich bin Eurer gnädiger König.
Friedrich Wilhelm
Memel, den 11. Januar 1808."

Chamisso stimmte der Logik des Beschlusses zu, denn, wie er sich äußerte, um „nach gerechten Grundsätzen gegen alle zu verfahren, müßte die Armee in zwei Parteien eingeteilt werden, davon man die eine henken, die andere aber zu lauter Capitainen befördern müßte". Er erhielt schließlich den Abschied als Premierleutnant. Das bürgerliche Leben nahm ihn auf.

Wer in die Freiheit entlassen ist und dieses neue Stück Leben nun ganz nach Wunsch und Plan gestalten will, spürt bisweilen schmerzlich, daß die Freiheit auch ihre Leerräume hat. Erhofftes erfüllt sich nicht, und was ersprießlich schien, will nicht wachsen. Die Jahre 1806 und 1807 waren für Chamisso eine bewegte Zeit. Dagegen empfand er die Jahre 1808 und 1809 als flach und fruchtlos. Zu Anfang hatte er sich noch „leichtfederig" in das neue Jahr 1808 hineingeschrieben, doch im Herbst ließ er schwerblütig die Sätze aufs Papier tropfen. Nach Berlin hatte er sich gesehnt. Jetzt mußte er sich eingestehen: „Kein erfreulicher ist mein hiesiger Aufenthalt gewesen. Mein Leben, das sich setzen und gestalten sollte, hat sich vielmehr in öden Sand geschlagen und verloren. Mir ist vieles abhanden gekommen, vieles zertrümmert und zerronnen. Ich habe für das teure Geld wenig genug eingekauft, ein Pfund Alter und ein Quentchen bitteren Erfahrungsextrakt. Ja, mein lieber Freund", klagt er dem mitfühlenden *Fouqué,* „ein jeder hat seine gehörige Dosis Verzweiflung im Leib, und jeder erträgt sie, wie er kann."

Die von Chamisso verehrte *Henriette Herz* hatte einmal gesagt, und vielleicht hatte es ihr Mund seinen Ohren zugesprochen: „Der Wettlauf, daß die kleinlichen und elenden Menschen ihre Zwecke durchsetzen gegen die großen und guten, wird noch oft wiederkehren." Jetzt war er zu Chamisso wiedergekehrt. Das Trauma der Enge überfiel ihn von neuem. Seine nunmehr „träge Feder" fand nur noch zu dem Gemeinplatz: „Übrigens ist die Welt überall mit Brettern zugenagelt." Unglücklich stöhnte er: „Ich weiß nicht wo aus, noch ein."

Dann geschah Erfreuliches. Nach dem Sturz der Preußenherrschaft in Warschau kehrte *Eduard Hitzig* nach Berlin zurück. Sogleich nahm er den niedergeschlagenen Freund in sein Haus auf, nährte und behütete ihn. Chamisso seufzte erleichtert: „Treu, rein, fest und gut wie Gold ist er mir ein wahrer Hort in diesen schmählichen Zeiten, wo in den Wein, die Tinte, das Blut und in sonst alles Gute so viel Wasser mit unterläuft."

Geborgen im Häuslichen und verborgen vor dem Weltgetriebe studierte er romanische Sprachen, versuchte sich in Übersetzungen, half hin und wieder einem Schüler, einem Studenten bei seinen Arbeiten, doch all dies ohne festen Plan. Zwischendurch besuchte er *Fouqué* in Nennhausen. *De la Foye* kam und blieb einige Tage bei den alten Freunden. Erinnerungen an die unbeschwerten Abende des Nordsternbundes kontrastierten mit der grauen Gegenwart. Eine Hofmeisterstelle lehnte Chamisso ab „als störend, bindend und zu nichts führend". Noch entschiedener wies er das Angebot einer französischen Verwaltung ab, hier in Berlin einen Posten zu übernehmen. „Zum Instrument und Handlanger eines Unliteraten könnte ich mich nicht bequemen."

Fast beneidete er den kontaktfreudigen *Varnhagen* um sein „beweglich geschäftiges Spiel des Lebens", das ihn jetzt nach Tübingen geführt hatte. Dessen Schwester *Rosa Maria* schrieb er: „Müde des Stadtlebens und des Müßigganges, aus allen Bahnen geschlagen, aus der Geschichte verschollen, möcht' ich an die Erde mich wenden." Er träumte davon, ein Gut zu erwerben, eine Familie dort zu bilden, ein stilles Leben auf eigenem Boden zu führen, zu säen, zu pflegen, zu ernten als bäuerlicher Botaniker. „Ich würde mich glücklicher schätzen, mich gebunden zu fühlen und bestimmt zu wissen, was ich von mir zu verlangen hätte."

Er ließ sich kraftlos sinken, ermattet bis zu der schläfrigen Selbsttäuschung, er könne sich durch die Bindung als Seßhafter von seinem inneren Notstand erlösen. Dann regte sich wieder die latente Lust zum Ausbruch – und wenn es wieder nach Frankreich wäre! Aus der Vendée lockte eine Professur. Ob er den Griechischunterricht am Lyzeum von Napoleonville übernehmen wolle? Tag um Tag wartete er auf verläßlichen Bescheid.

Die Aussicht auf neues Reisen weckte Chamisso aus seinem lauen Dahinleben. Ein Besucher bestärkte ihn. Mitten im Sommer 1809 klopfte ein junger Mann an das Tor des Hitzighauses und begehrte, Herrn von Chamisso zu sprechen. Mißmutig über die Störung schlurfte Chamisso in Pantoffeln herbei. Da stand ein Fremder und lächelte so seltsam, „als käm' er eben aus der

Kehrseite des Mondes", wie Chamisso später seinem Freund *Varnhagen* erzählte. Er wies sich mit einer Gefälligkeit aus: Hier bringe er, soeben aus Hamburg angekommen, einen Brief von *Rosa Maria.* Mit ihr und der munteren *Amalia* sei er jeden Tag zusammengewesen. Beim Abschied habe ihm *Rosa Maria* diesen hübsch versiegelten Brief anvertraut und ihn dringlich gebeten, er möge dieses freundschaftliche Wortgebinde eilends Herrn von Chamisso übergeben.

Chamisso nahm den Brief beglückt in beide Hände, als ob er ihm von einem Götterboten gereicht sei. Sogleich nahm er den jungen Mann am Arm und führte ihn zu sich ins Zimmer. Der Fremde streifte, kaum daß er saß, das Fremde von sich: er heiße *Kerner,* wie sein Vater und viele andere auch, dazu sehr individuell *Justinus,* sei Arzt und zur Zeit auf einer Bildungsreise durch Deutschland, die ihn von der schwäbischen Heimat bis nach Hamburg und ans Meer geführt habe. Seine für Chamisso angenehmste Empfehlung war der Name ihrer gemeinsamen Freundin *Rosa Maria.*

Während des Gesprächs mit dem fast fünf Jahre jüngeren *Kerner* korrigierte Chamisso den ersten Eindruck. Dieser „liebe, offene, gemütliche Kerl" war ja gar nicht weltfremd. Wie herzhaft erdnah! Sein gesunder Optimismus sprang auf Chamisso über. Der junge Arzt injizierte ihm eine so starke Dosis frischer Lebensfreude, daß die Flausen aus dem Kopf flitzten und Heiterkeit in seine Seele strömte, kräftigend wie lange nicht mehr. Einer entdeckte im anderen den Dichter. Chamisso hatte nur ein paar Verse parat. Kerner fabelte von einem romantischen Reisebericht, den er schreiben wolle, eine Schattenreise.

Chamisso horchte auf. Schatten! Manchmal war ihm das Thema während der düsteren Berliner Tage durch die Gedanken geschwebt, ohne daß er es hätte ergreifen können. Jetzt sprudelte der seltsam vertraute Gast von seinem Schattenspiel. *Kerners* tageshelle Lustigkeit und seine handfeste Phantasie faszinierten ihn. Er wolle wie in einem Zauberspiegel Szenen zeigen, als gingen sie, so drückte er sich aus, „wirklich an einem Orte der

Welt vor". Ganz gewiß fühle er sich fähig, Schatten ins Leben zu rufen. Er, der Schattenspieler, wolle sie durch Geschichte und Poesie tanzen lassen. Zwölf Schattenreihen sollten etwa hundert Szenen präsentieren, im Stil eines Marionettentheaters, wie er eines in Hamburg mit *Rosa Maria* und *Amalia* besucht hatte. Historische Figuren würden auftreten: die Kaiser *Sigismund* und *Maximilian,* der Schuhmacherpoet *Hans Sachs* und der Maler *Albrecht Dürer,* die Königin *Isabella von Spanien* und der Weltreisende *Martin Behaim* aus Nürnberg, der Dichter *Hölderlin* aus Tübingen und viele andere, denen sich *Kerners* Liebe vorspannt oder sein Spott anhängt. Erfundene Figuren werden sich in den Reigen einfügen, auch Personen, denen er, *Kerner,* die Ehre hatte zu begegnen, wie heute dem hochgeschätzten Herrn Adelbert von Chamisso.

Das Lachen kehrte zu Chamisso zurück. Er lud *Kerner* zu einem Spaziergang ein. Sie besuchten eine Komödie, speisten und tranken im schattigen Garten eines freundlichen Wirtes, sprachen vieles, was kein Chronist erfuhr, schieden voneinander mit dem Wiedersehensgruß statt „Lebewohl", einem Winken zur Wiederkehr.

Der Schattenspieler ging, die Schattenidee blieb. *Kerner* wollte Schatten aus dem Hades in den Himmel der Phantasie holen. Wie aber wenn ein an Leib und Leben gesunder Mensch hier auf Erden seinen Schatten verlöre, wenn keine Sonne, kein Mond, keine Kerze ihm seinen Schatten mehr zurückgeben könnten? Chamisso verwahrte die Frage tief in seinem Inneren.

Gegen Ende des Jahres signalisierte einer der Chamissobrüder, wahrscheinlich *Hippolyt,* die Professur in Napoleonville sei jetzt frei. Der Einstieg in die Wissenschaft schien offen. Chamisso verließ den Berliner Boden, in den seine Wurzeln noch nicht hatten einwachsen können, und strebte zum zweiten Mal nach der französischen Heimaterde. *Eduard Hitzig* ließ ihn ziehen. Er kannte den Unruhigen am besten, den Zugvogel, der sich nach dem festen Nest wie nach dem fernen Ort sehnte.

Noch war er Franzose, nach der grauen Resignation der vergangenen Monate erschien ihm Frankreich heller und klarer als das karggewordene Preußen. Chamisso wanderte seinen Weg weiter auf der Entdeckungsreise zu sich selbst.

Dem verständnisvollen *Hitzig* sandte er die ersten Reisebriefe aus Paris. Die Hinfahrt schildert er wie eine Ouvertüre zu den nachfolgenden Unternehmungen. Leichthin läßt er die durchfahrenen Städte vorüberperlen: die Freihandelsstadt Hamburg, „zum zweiten wie zum ersten Mal mir wohlgefallend", Osnabrück, „hier versäumte ich das Rathaus zu sehen, in dem der Westfälische Frieden abgeschlossen wurde", Düsseldorf, „die Städte Westfalens sehen alle aus, als ständen sie zum Verkauf", Neuß, „die Zöllner, anstatt unsere Reisekoffer zu öffnen, gaben uns ein gutes Frühstück mit Wein und Butterbrot", Aachen, Erinnerung an den „Schutzheiligen des Reiches, den Großen Karl", Lüttich, „viel Ähnlichkeit mit Paris", Brüssel, „eine wunderherrliche Stadt, aber wie ausgestorben", dann am Ziel, in Paris. „Ich kann mich hier nicht einwohnen, kann zu keiner Ruhe gelangen. In den Schulen wird wenig Griechisch gelehrt, Griechisch gilt viel. Ich soll eine solche Professur erhalten und gestehe, daß ich sehr das Kanonenfieber habe."

In Paris hatte ihn ein amtliches Schreiben erreicht, verheißungsvoll adressiert: „A Monsieur de Chamisso, professeur au Lycee de Napoleonville." Er meldete brieflich dem Direktor seine Ankunft. Aber statt der Einladung zu einem Willkommenstrunk war dessen Antwort ein kalter Guß: es sei keine Stelle frei, da schon anderweitig darüber bestimmt. Im Grunde fühlte sich Chamisso erleichtert, daß er die Verpflichtung und das Kanonenfieber los war. „Meine Anstellung in dieser Karriere ernstlich zu betreiben, hat mich vieles abgehalten. Universitätsprofessor klingt gut. Aber jeder Schuft, der Stunden gibt, heißt hier ebenfalls Professor. Im Lehramt ist des Geldes wenig, der Ehre nicht viel mehr zu holen."

Aufatmend sah er sich wieder als freier Mann. Er nützte seine Tage zu Besuchen. Einer galt dem berühmtesten Deutschen, der zu jener Zeit in Paris lebte: dem Amerikareisenden und Universalgelehrten *Alexander von Humboldt,* der wie Chamisso nie der Professorenwürde teilhaftig wurde. Das Leben hat beide Männer mit höheren Würden bekleidet. Sie sprachen über Reisen und Botanik. *Humboldt* erwähnte einen „bevorstehenden Ausflug". Er meinte seine langersehnte asiatische Reise und skizzierte die geplante Route. Chamisso berichtete an *Hitzig:* „Seine Absicht ist, nach dem Kap (Südafrika) zu reisen, wo er astronomische Beobachtungen und Gradmessungen vor hat, von da nach Indien und Bengalen, wo er wohl lange bleiben möchte, bevor er nach Tibet und dem inneren Asien zu dringen versucht." *Humboldt* arbeitete während seiner Pariser Jahre an der Herausgabe der dreißig Bände seiner „Reise in die Äquinoctialgegenden des Neuen Kontinentes". Wie *Diderot* mit der Enzyklopädie ein Monumentalwerk der europäischen Literatur hier in Paris geschaffen hatte, so baute nun in derselben Stadt ein Deutscher an einem Riesenwerk, das den Forschern kommender Jahrhunderte Quelle sein und Denkmal bedeuten wird.

Der Grandseigneur der Wissenschaft empfing den Besucher wie einen leibhaftigen Gruß aus seiner Vaterstadt. *Humboldt,* der Berliner, jetzt unter Franzosen lebend, und Chamisso, der Franzose, der unter Berlinern gelebt hatte, mögen sich über dieses äußere Spiegelbild amüsiert haben. Wesentlicher war ihnen die innere Übereinstimmung: gleiches Streben in die zu erforschende Natur, bei dem Älteren schon Vorbild, bei dem Jüngeren noch Fernziel.

„Ich bin so recht ein Schreib- und Druckmensch", lautete ein Lieblingswort *Humboldts.* Chamisso sah Manuskriptblätter, Zeichnungen, Korrekturfahnen, Kupferstiche, Druckproben, Notizhefte, Bücher auf Tischen, Sesseln, sogar auf dem Fußboden des Arbeitszimmers liegen, eine Papierlandschaft als das stille Reich des Denkens und Schreibens. In Bayreuth war der Knabe Chamisso dem Oberbergrat *Humboldt* nicht in den Weg gelaufen. Jetzt saß er vor ihm, blickte in die klaren blauen Augen, die so tief ins Geheimnis der Natur geschaut hatten.

Der Botaniker Chamisso vernahm noch ein anderes Lieblingswort seines Gesprächspartners: „Naturgemälde". *Humboldt* stellte sie in Worten dar, Abbild der Anschauung, komponiert von dem Empiriker, der das sinnenhaft Erforschte, das denkerisch Geprüfte und Geklärte wie ein Künstler farbenreich mit der Sprache gleichsam malt. Keine abstrakte Spekulation eines Stubengelehrten, sondern Leben, aus dem überquellenden Reichtum alles Lebendigen gewonnen. Nur das in der Natur Ergriffene kann geistig zum Begriff gefiltert werden. Anschauung und Begriff, das im gemeinsamen Organismus verbundene Zwillingspaar, ist das leitende Sternbild des Forschers auf seiner einsamen Fährtensuche. Nur der Reisende, der welthaltiges Leben in sich aufgenommen hat, kann als Schreibender die Welt ins Wort bannen. *Georg Forster,* der Erdumsegler und Schöpfer der literarischen Reiseschilderung, der hier in Paris starb, habe ihm, *Humboldt,* früh die Augen auf den Weitwinkel allseitiger Beobachtung eingestellt als Voraussetzung für empirisches Forschen.

So wird nach den Andeutungen Chamissos und nach der Gewohnheit *Humboldts,* mit derartigen Hinweisen junge Menschen zu ermuntern, das Privatissimum für Chamisso verlaufen sein. Er jauchzte geradezu im Brief nach Deutschland: „Ja, was erregt unsere Neugierde? Was spannt unsere Seele an? Einer hat es an mir gekonnt: unser herrlicher *Humboldt* mit der Tropennatur, den Llanos, den Anden, der fremden Physiognomie einer uns unbekannten Schöpfung. Ich bitt' Euch, Kinder!", ruft er aus und weiß nichts Schöneres damit zu vergleichen.

Chamissos Besuch bei *Humboldt,* die eine Stunde Gespräch mit dem großen Anreger, bereicherte ihn mehr, als es ein Professorenjahr in Napoleonville vermocht hätte. Die doppelköpfige Lust, Reisen und Schreiben, regte sich wohlig in ihm. Wann und wie wird ihm der erste große Schritt über Frankreich, über Europa hinaus gelingen? Kommendes Jahr wird er dreißig Jahre alt sein, so alt, wie *Humboldt* war, als er nach Amerika segelte. Es wird also nicht zu spät sein. Seiner Phantasie flog der Glücksvogel zu. Er fing ihn ein in federleichte Verse aetherischen

Glanzes. Eine Verheißung seiner Muse, das Gedicht „Der Glücksvogel“ aus dem Jahr 1810:

Es fliegt ein Vogel in dem Hain
Und singt und lockt: man soll' ihn fangen.
Es fliegt ein Vogel in dem Hain,
Aus dem Hain in den Wald, in die Welt hinein,
In die Welt und über die See.
Und könnte wer den Vogel fangen,
Der würde frei von aller Pein,
Von aller Pein und Weh!

Der Glücksdichter läßt den Vogel dahinfliegen, aus dem Hain der Poeten in den Wald der Botaniker und hinnaus in die Welt der Reisenden und über das Meer der Seefahrer, denen die Erde ganz gehört. Das Weh der Enge löst in der Weite sich auf, dem Glücklichen, wie es die drei letzten Verse vom „Glücksvogel“ singen:

Und hat der Knab' ihn erst gefangen,
So wird er frei von aller Pein,
Von aller Pein und Weh!

Chamissos Seele flog mit dem Glücksvogel voraus in die Zukunft, noch blindgesteuert, doch schon genußvoll berauscht vom Höhenflug nach Irgendwo.

Die Stimmung Chamissos wechselte leicht von Dur nach Moll. Schon im zweiten Reisebrief an *Hitzig* schleicht sich Sehnsucht nach Berlin ein. „Zu Euch gehöre ich nun einmal hin. Meine feste Idee ist, nach Berlin zurückzugelangen, um ein Student zu werden, Medizin zu studieren.“ Und an *Rosa Maria:* „Was wird aus meinem Preußen, was wird aus mir? Ich plage, quäle, sehne mich vielfach und fühle, daß ich ein Norddeutscher doch bin.“ Als ein „Pflastertreter der großen Stadt“ unternimmt er freudlose Gänge. Einsam hockt er in einer Dachkammer. Im Sommer ließ er – noch immer an der Seine – den Dichterfreund *Fouqué* wissen: „Der Familie und den alten feinen Bekannten verloren, leb' ich, lieb' ich, dicht' ich, tracht' ich meinen deutschen ruhigen Weg gelassen fort." Mit haarigem Humor trumpfte er drauf: „Nirgends bin ich klotziger deutsch gewesen als eben in Paris."

Kurz danach belebte sich die Stadt für den einsamen Chamisso. *Varnhagen,* jetzt in österreichischen Diensten, kam im Gefolge des Botschafters nach Paris. Sogleich am ersten Abend besuchte er den Freund und war dann fast täglich mit ihm unterwegs. Er erzählte später: „Chamisso besaß die vortreffliche Eigenschaft, daß er sich an den Franzosen ergötzen und über sie lachen konnte, als wäre er selber keiner. Jedes Umherstreifen durch die Straßen, jedes zufällige Gespräch mit einem Kaufdiener, mit einer Hökerin brachte uns ein artiges Geschichtchen." Dabei war zu beobachten, wie die Kriege *Napoleons* das Volk in eine allgemeine Not und Bedrängnis rissen.

Auch *Ludwig Uhland* tauchte auf. *Varnhagen* fand ihn bei den Gemälden im Louvre und arrangierte ein Treffen mit Chamisso. Der um sechs Jahre jüngere Tübinger studierte in Paris die Jurisprudenz und war schon als Dichter hervorgetreten. Durch seinen Landsmann *Justinus Kerner* hatte er Angenehmes über Chamisso gehört. Beider Begegnung war achtungsvoll freundlich. Chamisso urteilte hinterher: „Während viele gar vortreffliche Gedichte verfertigen von der Art, wie alle sie machen und keiner sie liest, schreibt *Uhland* Gedichte, wie keiner sie macht und jeder sie liest. Er selbst ist klein, unscheinbar, dickrindig und schier klötzig", also das äußere Gegenteil zu dem hochgewachsenen und männlich-schönen Chamisso.

Zu dieser Zeit traf er auf einen dritten Deutschen in Paris, den Sprachforscher *August Wilhelm Schlegel.* Er erkannte Chamisso sogleich und erinnerte sich des Musenalmanachs auf das Jahr 1804, den er als ein vielversprechendes Zeugnis für die jungen Literaten gelobt hatte. Nun stand einer jener Vielversprechenden als Doppelsprechender vor ihm, denn Chamisso sprach bald deutsch, bald französisch. Der findige *Schlegel* hakte ein. Er suche gerade einen gebildeten Menschen, der seine Vorlesungen über dramatische Kunst und Literatur ins Französische übersetzen könne. Er selber sei mit seiner Shakespeareübersetzung im vollen Maß seiner Zeit und Kraft beschäftigt, daß er keine Stunde für andere Arbeiten erübrigen könne. Doch nun hätten ihm gute Geister Herrn von Chamisso zugeführt. Ob er ihm den deutschen Text seiner Vorlesungen anvertrauen dürfe? Er sei gewiß, niemand könne die französische Fassung besser schaffen als der in beiden Sprachen heimische junge Freund. An Honour und Honorar solle es nicht fehlen.

Dem Vielwortigen entgegnete Chamisso einsilbig, er müsse erst eine Pfeife Tabak über das Anerbieten rauchen. Als er anderntags zusagte, kassierte er als Vorschuß das Wohlwollen *Schlegels*. Dabei blieb es, denn eine „Verleger-Verlegenheit" (Wortprägung Chamissos) führte zum Bankrott und zu keiner Veröffentlichung.

Folgenreicher für Chamisso war eine Verbindung, die *Schlegel* herstellte, als er ihn in den Kreis um *Germaine de Staël* zog. Seit dem Besuch der turbulenten Dame in Berlin folgte *Schlegel* ihr als treuer Paladin nach der Schweiz, nach Italien, Österreich und Frankreich. Jetzt lebte er bei ihr auf Schloß Chaumont an der Loire. Dorthin war Chamisso Anfang Juli eingeladen, „an den Hof der Staël'ernen Dame", wie er ironisch anmerkte.

Napoleon hatte *Madame de Staël* als oppositionelle Schriftstellerin aus Paris verbannt. Chaumont lag außerhalb der Bannzone. Hier versammelte sie interessante und ihr ergebene Personen um sich; hier wurde Literatur zu Leben und das Leben literarisiert; hier beendete sie ihr Buch „Über Deutschland". Es sollte noch im Jahr 1810 erscheinen, im gleichen Jahr, in dem *Napoleon* in die österreichische Kaiserfamilie einheiratete durch seine Eheschließung mit Prinzessin *Marie Louise*.

Noch am Johannistag hatte Chamisso der Freundin *Rosa Maria* geschrieben: „Ich habe nie weniger mit dem alten grämlichen Wirte, dem Schicksal, gerechnet als eben jetzt. Wird mir unter meinen grauenden Haaren manchmal bange, will ich's doch nicht wahr haben und lebe, als wär' es aus Begeisterung." Er arbeitet an der Übersetzung von *Schlegels* Vorlesungen vor sich hin. Dann der Fanfarenstoß ins stille Kämmerlein: die Einladung auf Schloß Chaumont. Er lebt auf. Jetzt ist er wirklich begeistert. Der Ortswechsel verscheucht seine Melancholie. Schon einen Monat danach meldete er sich bei *Varnhagen* aus Chaumont. Lustig-listig charakterisiert er die Staël-Sekte: „Du würdest Dich, lieber Sauerteig, hier amüsieren. Der verschiedenartigen Elemente sind viele. Wer Lust und Geschick hätte, sie zur Gärung zu bringen, könnte sich vielleicht Kurzweil verschaffen."

Chamisso verschaffte sich Kurzweil! Er verlustierte sich als Beobachter zwischen den Mauern Chaumonts. „In dieser alten Burg hausen die vornehmen Geister alle: der kluge, zierliche, kühle, schwerfällige *Schlegel*, dessen Namen die Schlegelianer entlehnt haben, die dicke, feurige *Staël* in leichter, froher Bewegung, der milde, fromme *Matthieu de Montmorency*, die anmutige grundgute Kokette *Juliette Récamier*, ein häßlicher, kleiner, stummlauernder *Sabran*, ein zarter Nordländer, eine kugelrunde, harte Engländerin, ein guter Teufel von naivem italienischem Künstler – und ich. Nach Zauberers Sitte räuchere ich diese Geisterschar nach Herzenslust ein, worüber sie die seltsamsten Gesichter schneiden. Die *Staël* möchte mir sogar die Unart abgewöhnen." Soweit die Probe aus Chamissos „Hominarium", seiner satirisch angefärbten Menschensammlung. „Ich könnte", schrieb der parodierende Beobachter an *Fouqué*, „Dir eine reiche Galerie anderer merkwürdiger Figuren bunt abzeichnen, wie ich sie vor Augen habe."

Schon bald gestand er sich ein: „Ich passe in diese Welt gar nicht. Obgleich keinerlei Zwang auferlegt ist, entbehre ich doch allerlei Freiheit. Selbst das Rauchen wird einem sauer gemacht, muß ich doch, wenn es regnet, von dem Abtritt aus meinen Qualm in die gelehrte Welt blasen, denn die stachelschweinförmige britannische Feindin besetzt eine Stube neben der meinigen, von wo aus sie das Feuer meiner Batterien zum Schweigen gebracht hat. Da ging es mir doch in Berlin und selbst in Paris besser. Kurzum, ich verschmachte an diesem Quell Kastalias."

Gleich der Nymphe *Kastalia*, die am Parnaß, dem Sitz der Musen, die heilige Quelle hütete und deren Name die Dichtkunst symbolisierte, hütete die Herrin von Chaumont ihre prominente Herde in dem täglichen Quirl von „Liebe, Eifersucht, Schadenfreude, Seelensorge, Verrücktheit", wie ihn Chamisso brodeln sah. Er war *Germaine de Staël* dafür dankbar, daß sie ihn, den Außenseiter, in ihrem Kreis akzeptierte. „Trotz meiner Fremdheit in ihrer Sphäre hat sie mich aufgesucht und erkannt. Sie hat mir Freundschaft und Vertrauen erwiesen."

Dieses Vertrauen war neu für Chamisso. Kein schwesterliches Vertrauen, noch weniger ein Liebeszeichen, vielmehr ein Vertrauen von gefährlichem Gewicht, ein Vertrauen politischer Natur, auch wenn es weiblich-freundschaftlich umsponnen war. *Madame de Staël* schillert im Urteil ihrer Mit- und Nachwelt von der Femme fatale mit schockierenden Affären bis zur politisch engagierten Schriftstellerin, von der enthusiastischen Schwärmerin bis zur vernunftklaren Gegnerin *Napoleons,* von der liebestollen Frau bis zu einer hochgebildeten Dame. Chamisso hat sie am kürzesten und besten charakterisiert: „Ernst der Deutschen, Glut des Südens, Form der Franzosen." Diese Mischung befähigte die einmalige Frau zur Kunst des Schreibens und verschaffte ihr europäischen Ruhm.

Wer sich *Germaine de Staël* anschloß, gar mit ihr an den Verbannungsort zog wie die Gesellschaft von Chaumont, designierte sich als Opponent *Napoleons* und verfiel leicht der Observation seiner Polizeispitzel. Der Kaiser hatte schon den weltberühmten *Humboldt* als „preußischen Spion" aus Frankreich verjagen wollen. Jetzt lauerte er auf die Gelegenheit, die ihm widerwärtige *Staël* zu vertreiben. Chamisso scheute nicht das Risiko ihrer Nähe. Kritisch reserviert äußerte er über *Napoleon:* „Ihm muß alles dienen, er hat überall seine Fäden gesponnen." Was soll das patriotisch klingende Pathos von Größe und

Ruhm, mit dem die Aufsteiger, Kaiser oder Diktator genannt, das Volk betäuben wollen, damit es ihnen sein Blut, seine Söhne, seinen Frieden opfert? Anklagend trauerte Chamisso über das durch *Napoleons* Kriege verelendete Frankreich: „Das große, frommgewordene, abgemagerte Trampeltier, das nicht mehr weiß, wie es dazu gekommen ist, hat mehr Zügel am Kopf als Muskeln, sich zu bewegen."

Dennoch bewegten sich Gegenkräfte. Ihr Exponent war eine Frau, die exzentrische *Madame de Staël.* Sie sprach spontan aus, was sie dachte, auch ihre Kritik an *Napoleon.* Jenseits politischer und gesellschaftlicher Konvention äußerte sie sich temperamentvoll und leidenschaftlich über die Zustände in ihrem Vaterland und über den gefährlichen Veränderer der Verhältnisse. Schon zu Beginn seiner Herrschaft hatte *Napoleon* mißgelaunt vermerkt: „Immer, wenn man mit ihr zusammen war, ist man mir weniger zugetan." Ende 1797 waren sie einander zum ersten Mal begegnet. Früher als die meisten Franzosen spürte die *Staël* in dem General *Bonaparte* den kommenden Machtmenschen. „Ich fürchte seinen Charakter und sogar seine Klugheit", notierte sie. *Napoleon* lehnte die gescheit daherredende Person von vornherein ab. Aus kalter Distanz beobachtete er seitdem die Ausbrüche dieses weiblichen Vulkans.

1803 verbannte er die ihm zu laute und lästige Madame erstmals aus Paris. Im Umkreis von vierzig Meilen hatte sie sich von der Hauptstadt fernzuhalten. Ihre Anhänger spöttelten: *Madame de Staël* ist nicht mehr in Paris, aber Paris ist bei *Madame de Staël. Napoleon* negierte das ihm überbrachte Gerede, aber er ließ sich Buch für Buch der berühmt-berüchtigten Autorin bringen. Er hielt eine Buchdruckpresse für gefährlicher als hunderttausend Mann feindlicher Truppen, weil Gedrucktes ohne einen Schuß ein ganzes Volk durcheinanderbringen könne. Er lauerte: wann wird ein Buch der *Staël* erscheinen, das ihn rücksichtslos zuschlagen läßt? Endlich, 1810, erhielt er die handfeste Meldung. Seine Spitzel informierten ihn, die *Staël* stelle gerade ein provozierendes Werk fertig unter dem Titel „Über Deutschland". Aus abgefangenen Druckfahnen gehe hervor, daß sie so etwas wie Gedankenfreiheit jenseits des Rheins gegen die sogenannte Knechtung des Geistes in Frankreich ausspiele. Dem erstarrten französischen Geistesleben wolle der Kaiser einen künstlichen Imperialstil aufdrücken und damit alle ihm unliebsamen Ideen ersticken. *Napoleon* beschloß, diesen weiblichen Tacitus endgültig aus Frankreich zu eliminieren.

Chamisso beobachtete von seiner unscheinbaren Position aus die bedrohliche Entwicklung. Wie kleinstädtisch es dabei selbst in der großen Welt zugeht, ironisierte er salopp: Frankreich und die Welt überhaupt seien nur ein kleines Loch, „worin es wie in einem Zimmer schallt. Was einer ganz versteckt in Paris treibt oder nur denkt, wird in der ganzen Welt ausposaunt." *Madame de Staël* forderte ständig die Posaunen der Gerüchtekapelle heraus, fortissimo über sie ins Land zu blasen. Gegen Ende des Sommers zog sie mit ihrem gesamten Hofstaat vom Schloß Chaumont zum Schloß Fossé bei Blois, um näher der Druckerei in Tours zu residieren.

Die Korrekturfahnen des Deutschlandbuches flogen herbei und nach Tours zurück. Andere Fahnen flogen über den Rhein, adressiert an *Eduard Hitzig* in Berlin, der sich jetzt als Buchhändler und Verleger betätigte. Chamisso hatte dem Freund schon von Chaumont aus avisiert, die Autorin werde – auf seine Empfehlung – Monsieur *Hitzig* noch vor Erscheinen ihres Buches die Abzüge des Textes zugehen lassen, damit er eine deutsche Ausgabe erwägen könne. So förderte Chamisso mit leichter Hand und wie nebenher die künftige Verbreitung in Deutschland, damit die dortigen Leser in den freundlichen französischen Spiegel würden schauen dürfen.

Im nächsten Brief an *Hitzig* berichtet er von der Katastrophe. Am 23. September 1810 beendete *Madame de Staël* ihre Korrekturen. Die Druckerei begann zu drucken, die Buchbinderei zu binden, der Pariser Verleger erhielt die ersten Exemplare. So lange hatte *Napoleon* mit höhnischer Geduld gewartet. Jetzt holte er aus: Kommando an die Zensur. Der offizielle Schnüfflertrupp rückte aus, saß, las und fand: Beleidigung des

Kaisers, Schmähung Frankreichs, Provokation der Patrioten. Allein der Schluß genüge schon für ein Verbot. Man lese nur: „O Frankreich, Land des Ruhmes und der Liebe! Wenn die Berechnung alles bestimmte und der Verstand allein Verachtung der Gefahren erzeugte, zu was würde dir dann dein schöner Himmel, deine glänzenden Geister, deine fruchtbare Natur nützen? Eine tatkräftige Intelligenz, ein mit Wissen gepaartes Ungestüm würde dich zum Gebieter der Welt machen, aber du würdest nur die Spur von Sandströmen zurücklassen, die schrecklicher sind als Meeresfluten und unfruchtbar wie die Wüste."

Die überdeutliche Anspielung auf *Napoleon* und seine Gier nach Weltherrschaft auf Kosten Frankreichs genügte den Zensoren. Die Polizei beschlagnahmte das Buch. Die schon gebundenen Exemplare wurden eingestampft, die Satzformen zerstört, die Druckbogen verbrannt. Der Gendarmeriechef von Blois überbrachte der Autorin den kaiserlichen Ausweisungsbefehl: umgehend zurück in die Schweiz oder mit dem nächsten Segelschiff nach Amerika! Sie ist endgültig aus Frankreich verstoßen. Chamisso schrieb an *Hitzig:* „Das Buch der *Staël* ist höheren Orts verboten und konfisziert, sie selbst binnen zweimal vierundzwanzig Stunden des Landes verwiesen. Ihre Feder war nicht feil. Ich war bei dieser wahrlich heroischen Katastrophe, und Du wirst meine Teilnahme, mein Gefühl dabei begreifen."

Hitzig hatte die angekündigten Druckfahnen nicht erhalten. Chamisso versprach andere, gerettete zu senden. Madame habe voller Dank „von Deinem Unternehmen erfahren, eine Übersetzung des Werkes ‚De l'Allemagne' zu veranstalten." Derart hatte Chamisso Anteil an der Verbreitung des berühmtesten Buches, das im 19. Jahrhundert über Deutschland erschien.

7 Feder oder Schwert

Germaine de Staël verließ Frankreich, begab sich nach Genf, von da auf ihr Schloß Coppet am Genfer See. Ihr treuer Paladin *August Wilhelm Schlegel* brachte das gerettete Manuskript des eingestampften Buches nach Wien zur sicheren Verwahrung. Chamisso arbeitete als Gast des Präfekten von Napoleonville den Winter über an der Übersetzung von *Schlegels* Vorlesungen. Er folgte im Frühjahr 1811 der Verbannten nach Coppet. Hier verweilte er ein Jahr, doch er verschwendete es nicht. Der Umweg nach Deutschland war Hinweg zu seinem wissenschaftlichen Lebensziel: zur Botanik. Er entdeckte eine reiche Flora rund um den Genfer See und fand zum ersten praktischen Studium „Leichtigkeit und Anleitung, denn dies Land ist gleichsam der botanische Garten Europas“. Beglückt sandte er einen Gruß an *Rosa Maria* in Hamburg: „Diesen Sommer hab' ich ganz der Botanik gewidmet und dem stillen, innigen, wortlosen Genuß der schönsten Natur, die mir wie eine Geliebte ist, von der ich scheiden muß.“

Die Botanisierbüchse umgehängt, das Lehrbuch in der Tasche, den Stock in der Hand unternahm er Exkursionen in den Jura und die savoyischen Voralpen. Sein Herbarium wuchs auf bald tausend gesammelte Pflanzen. Der eindeutig gewordene Studien- und Berufsweg hatte sich – allegorisch und real – durch allerlei Gestrüpp und Unterholz gebahnt. An den Abenden übersetzte er zu seiner vergnüglichen Übung die französische Komödie „Conaxa“ ins Deutsche.

Zwei Gedankenströme flossen bei Chamisso oft ineinander: Berlin und das Staël-Buch über Deutschland. Im Frühling 1812 hatte er an *Hitzig* geschrieben, dessen Worte „um Deutschland wiederum an den Namen der heldenmütigen Verfechterin seines Wertes zu erinnern“, hätten der Herrin äußerst geschmeichelt. Madame hoffte auf eine deutsche Ausgabe ihres Buches, hoffte auch, daß der hübsche junge Vermittler ihrem Hofstaat erhalten bleibe. Doch ihr linder Zwang erzeugte auf Dauer bei dem Zugvogel ein Sträuben seiner Freiheitsfedern. Der goldene Käfig Coppet wurde ihm zu eng. Im Frühlingsbrief hatte er *Hitzig* gestanden: „Jede Erschütterung soll mich nordwärts zu Euch hinaufkugeln. Jedesmal, daß ich die Siebenmeilenstiefel anziehen, Miene mache, hält mich die Herrin mit Kunst und Natur fest. Ich tue ihr den Willen, denn sie hat Macht.“ Die Siebenmeilenstiefel! Hier nennt sie Chamisso zum ersten Mal. Bald wird er sie einem anderen anziehen.

Einen Monat später gelang ihm der Ausbruch aus dem Bannkreis der faszinierenden Circe. Sie hatte wie einst die Circe des *Odysseus* die an ihrem Gestade gelandeten Gäste beliebig verwandeln wollen, wenn auch nicht in grunzende Tierchen wie die Gefährten des homerischen Helden, so doch jeden und jede in eine ihr gefällige Gestalt, mehr noch, in eine Art menschliches Stilmöbel, das in die Ausstattung ihres gesellschaftlichen Haushaltes einzupassen war. Bei Chamisso gelang ihr die Domestizierung nicht. Der ebenso liebenswürdige wie eigenwillige junge Herr ließ sich nicht zurechtschnitzen und zum Mitglied einer gelackten Gemeinde polieren. Immerhin lernte er zu der gesellschaftlichen Lektion, die er im Berliner Salon der *Henriette Herz* empfangen hatte, am Genfer See einiges hinzu. Oder war es ein Wiederholungskursus? Chamisso resümierte: „Ich habe bei der *Staël* Mores gelernt. Ich weiß nun, daß man vor Damen nicht fluchen darf, und tue es doch, aber ich weiß, es ist übel. Ich weiß, daß man im Überrock frühstücken soll und abends um sieben Uhr im Frack dinieren. Ich bemerke wohl für mich die Verstöße, aber bin zu gutmütig, es zu zeigen. Ich weiß auch, daß man ganz erschreckliche Dinge nicht nennen und eine Menge Ausdrücke ganz vermeiden soll. Trotz dem allen“, so schließt er,

„kann man doch eine Seele im Leib haben, man sollte es nicht denken, aber es ist doch wahr." Punktum.

Am 23. Mai 1812 verließ *Madame de Staël* ihr Schloß Coppet und floh heimlich aus der Schweiz, um sich dem Einflußbereich *Napoleons* zu entziehen, nachdem Frankreich sich auch Genf einverleibt hatte. Ihr erstes Ziel war Wien. Einen Monat später, am 24. Juni, überschritt *Napoleon* die Memel und fiel in Rußland ein. Zwei Monate danach verließ auch Chamisso die Schweiz. „Te Deum laudamus!" sang er befreit. „Die Grenze liegt hinter mir." Seinem „Hort und Rater", dem treuen *Eduard Hitzig*, meldete er die Reiseroute: von Schaffhausen nach Aschaffenburg, von dort nach Leipzig und dann geradenwegs nach Berlin.

Während *Napoleon* im Gewaltmarsch in Richtung Moskau vordrang, dem chaotischen Ende seiner Siege entgegen, wanderte Chamisso frohgemut dem Beginn eines geordneten Lebens zu. „Es ist unglaublich, was meine Beine gut sind. Führer halten es bei mir nicht aus. *Suters* ‚Flora', eine botanische Kapsel und eine Presse für Pflanzen sind nebst einer Landkarte die ganze Bagage, die ich bei mir führe." Als *Napoleon* den Njemen erreichte und sich immer tiefer in den Riesenraum Rußlands einsaugen ließ, erreichte Chamisso die Spree und fühlte sich heimatlich von Berlin und in *Hitzigs* Haus aufgenommen.

Schon einen oder zwei Tage nach seiner Ankunft immatrikulierte er sich an der Berliner Universität, die zwei Jahre zuvor nach dem Bildungsplan *Wilhelm von Humboldts* eröffnet worden war. „Ich bin mit mir und der Welt in Eintracht und aus der Lüge heraus. Ich habe verständig gewählt und ausgeführt und bin nun, was ich heiße, und heiße, was ich bin – das ist studiosus medicinae der Universität Berlin."

Die Schwebezeit ist vorüber. Mit der gleichen Kampfbereitschaft wie seinerzeit auf der Festung Hameln steigt er festentschlossen in die Arena der Wissenschaft, um sich eine ihm angemessene Position zu erringen. „Ich habe gewählt", schrieb er schlicht an *Fouqué*. „Für mangelndes Glück hab' ich Selbstzufriedenheit erlangt und Heiterkeit für die Lustigkeit, die ich auf meinen Kreuzwegen an den Dornensträuchen hängen lassen mußte."

Die Vorlesungen begannen am 14. Oktober. Chamisso hatte sich nach seinem Plan, alle Naturwissenschaften zu umfassen (die Empfehlung *Alexander von Humboldts* ist herauszuhören) bei einer Reihe von Fakultäten eingeschrieben: Botanik, Zoologie, Mineralogie, Naturphilosophie, Physiologie und Anatomie. Er war wohl der älteste Student der Universität, bald 32 Jahre alt. Sein Anatomieprofessor, der ihm beim Präparieren von Knochen zusah, hielt ihn für ein älteres Semester und fragte freundlich, auf welcher Universität er früher studiert habe. Der verabschiedete Premierleutnant Chamisso antwortete: „Im Regiment *von Götze*, Herr Professor."

Der gütige alte Herr lobte seinen Spätstudenten, wie gut er es mache. Ein anderer Herr Leutnant habe gleich zu Anfang den Schneid für die Anatomie verloren. Der nach wie vor brieffreudige Chamisso schilderte dem Freund *de la Foye* im jetzt fernen Frankreich seine Beobachtungen: „Die Professoren sind wakkere Leute, die zumeist ihre Lust daran haben, einen so ausgelebten Mann wieder gleich einem der Kinder werden zu sehen." Die jungen Kommilitonen dagegen enttäuschten ihn. „Von den Studenten habe ich mehr erwartet. Ich sehe nur lauter flache Dummköpfe." Unter den tausend Anwärtern der Wissenschaft fand er nur einen jungen Mann, mit dem er sich anfreundete, „einen arglosen, stachellosen, sehr verdienstlichen Botaniker", mit dem er die Berliner Flora durchwanderte. Schon bald hatte er 300 Pflanzen für ein neues Herbarium gesammelt.

Der bislang botanisierende Chamisso war zum professionellen Botaniker geworden. Wie so oft, verdrängte er den Dichter in sich. „Vergessen habe ich schon, daß ich je ein Sonett geschrieben." Der Freundin *Rosa Maria* eröffnete er sich freimütig: „Ich lasse die Vergangenheit hinter mir liegen und studiere ins Leben hinein, als wäre ich noch ein Knabe, um mir eine selbständige Tätigkeit zu erwerben. Tauge ich überhaupt zu irgendetwas, so ist es für die Naturwissenschaften auf dem Weg der Erfahrung. Die Freunde haben mir nie einreden können, ich sei zum Dichter geboren. Von müßiger Spekulation wende ich mich mit Überdruß ab." Er will sich der Wissenschaft „durch Beobachtung und Erfahrung, Sammeln und Vergleichen nähern". Das Pariser Privatissimum *Humboldts* fruchtet. „Ich hoffe", bekräftigte er *Rosa Maria* gegenüber als ein Verwandelter, der „nach vielen Seitenschritten nun vorwärtsgehen" will, „in einigen Jahren vor mir zu stehen als ein Mann zu einer gelehrten Reise reif, tüchtig und brauchbar!" Wiederum das anspornende Vorbild *Humboldts.* Auch er hat der großen Reise zielstrebig entgegenstudiert.

Während Chamisso sein Leben in eine überschaubare Bahn lenkte, wurde *Napoleon* in die Flucht durch Chaos und Kälte gedrängt. Die Flammen des brennenden Moskau beleuchteten den Beginn seines Abstiegs. Der lautstarke Mythos des einen war zerstört, der stille Aufstieg des anderen bereitete sich vor.

Die militärische Entscheidung zwischen dem noch immer gefährlichen *Napoleon* und der europäischen Allianz reifte heran. „Wüßte ich nur recht klar", fragte sich Chamisso, „daß die Völker nicht den Zwist der Könige, sondern die Könige den Zwist der Völker führten!" In späteren Versen klagte er:

Ja, die Mächt'gen, die Beglückten,
Ja, die Götter dieser Erden!
Ihnen muß der Unterdrückten
Sühnend Blut geopfert werden.

Der Befreiungskrieg trieb Chamisso in die bitterste Gewissensnot seines Lebens. So tief er Deutschland liebte, so unmöglich galt es ihm, die Waffe gegen seine angestammten Landsleute zu erheben. Das war nicht die Verteidigungssituation von Hameln, sondern der Vernichtungskampf gegen die Söhne Frankreichs. „Nein, die Zeit hat kein Schwert für mich!", rief er verzweifelt. Noch aus den ruhigeren Worten hinterher ist sein

Unglück zu spüren: „Die Weltereignisse vom Jahre 1813, an denen ich nicht tätigen Anteil nehmen durfte – ich hatte kein Vaterland mehr oder noch kein Vaterland, – zerrissen mich wiederholt vielfältig.“

Chamisso mußte die neue Niederung seines Lebens überwinden wie ein Parsifal. Im Sinn dieses Namens, der ursprünglich lautete „Per ce val – durch dieses Tal“, kämpfte er sich durch das dunkle Tal der Verzweiflung. Als ein Genie der Freundschaft hatte er bislang Frauen und Männer angezogen, die ihm in schwierigen Situationen weiterhalfen. Während seiner Zeit als Page durfte er unter dem Patronat der Königin *Friederike Louise* seinen Bildungsweg beginnen. *Henriette Herz* und *Germaine de Staël* öffneten seine Augen für die gesellschaftlichen Zusammenhänge und ihre Bedeutung für einen hochstrebenden jungen Menschen. *Rosa Maria Varnhagen* lieh ihm ihren klugen schwesterlichen Rat. Ihr Bruder, *Karl August Varnhagen,* der literarische Weltmann, weckte in Chamisso die Lust, als Franzose der deutschen Sprache mächtig zu werden. Die Beziehung zu dem Dichterfreund *Fouqué* stützte den Versuch dichterischer Produktion. Väterlich schützend und ratend hielt *Eduard Hitzig* die Hand über den Heimatlosen und nahm ihn auf in Herz und Haus. *Alexander von Humboldt* festigte in dem Schwankenden das naturwissenschaftliche Interesse und ermutigte ihn zur wohlvorbereiteten Forschungsreise. Und jetzt, in dem kritischen Jahr 1813, nahm sich ein Professor des unglücklichen Studenten an.

Heinrich Lichtenstein, Inhaber des zoologischen Lehrstuhls an der Universität Berlin, hatte die verzweifelte Situation Chamissos erkannt. Nach einer Vorlesung bat er seinen Studenten zu sich. Das Gespräch begann „humboldtisch“, denn wie der Meister der Forschungsreise hatte auch *Lichtenstein* von 1803 bis 1806 Expeditionen unternommen und vor zwei Jahren ein vielbeachtetes Werk veröffentlicht: „Reisen im südlichen Afrika“. Darin finden sich wie in *Humboldts* Reisewerk Meisterstücke an Naturgemälden. Noch im selben Jahr wurde *Lichtenstein* an die

Universität Berlin berufen, gründete ein zoologisches Museum und später den Berliner Zoologischen Garten. Der wie *Humboldt* universal gebildete Naturwissenschaftler pflegte neben der Zoologie die Botanik als spezielles Studiengebiet. Professor und Student erkannten einander im gleichen forscherischen Engagement. *Lichtenstein* und Chamisso verstanden sich deshalb bald auch im persönlichen Bereich. Das erlaubte dem Älteren eine weise Hilfe.

Lichtenstein verschaffte Chamisso ein Asyl bei der noblen Familie *Itzenplitz,* die nicht gar so weit von Berlin ihr Gut Cunersdorf besaß. Der Professor verband pädagogisch seine Vermittlung mit einem akademischen Auftrag. Chamisso möge gründlich das Buch des Botanikers *Carl Sigismund Kunth* über die Flora Berlins durcharbeiten und einen Kommentar dazu verfassen. Chamisso nahm Asyl und Auftrag mit Freude an. So entstand in Cunersdorf, nördlich vom späteren Neu-Hardenberg, seine erste botanische Schrift.

Während der Völkersturm fernab vorüberbrauste, entdeckte der Botaniker Chamisso in sich den Erzähler Chamisso, und der Erzähler entdeckte einen wunderbaren Erzählstoff: die Geschichte des schattenlosen Peter Schlemihl. Wie *Justinus Kerner,* dessen „Reiseschatten" 1811 gleichzeitig mit *Fouqués* „Undine" erschienen waren, agierte jetzt auch Chamisso als Schattenspieler. Gelöst grüßte er aus Cunersdorf den Freund *Hitzig* in Berlin: „Gott erhalte Dich und Deinen Schlagschatten uns allen, Frau, Kindern und Freunden! Amen."

Der graue Mann aus *Peter Schlemihls wundersame Geschichte.* Zeichnung von *E. T. A. Hoffmann.*

8 Nach Schlemihlium

Im Asyl vor der Welt verborgen, schrieb Chamisso ein Stück Prosa, das ihn weltbekannt machte: „Peter Schlemihls wundersame Geschichte". Wer hat sie nicht gelesen? Ihr Inhalt sei trotzdem kurz wiederholt. Der junge Schlemihl, brav doch arm, gerät an einen Mann, so grau und dünn wie „ein Ende Zwirn, der einem Schneider aus der Nadel entlaufen ist". Der Unscheinbare ist der kleinbürgerlich gekleidete Teufel. Er will Schlemihls Schatten und bietet dafür einen Zauberbeutel, aus dem sich Goldstücke greifen lassen, so oft die Hand hineinlangt. Schlemihl gibt seinen Schatten für Gold.

Nun war er reich, aber wurde nicht glücklich. Noch am selben hellen Tag lachten oder erschraken die Menschen über ihn, weil seinem Wesen der wesenlose Schatten fehlte. Er versteckte sich vor der gnadenlosen Sonne in einem Hotel, konnte er doch aus dem Goldsäckel großzügig zahlen. Sein treuer Diener *Bendel* hielt zu ihm. Beide verließen die Stadt und reisten über die Grenze nach einem Badeort.

Hier geriet Schlemihl in eine öffentliche Rolle, denn die Einwohner hielten den Herrn in der vornehmen Kutsche für den König von Preußen, der inkognito als Graf durch das Land reise. So wurde dem Schlemihl die Rolle des Grafen *Peter* übergestülpt. Er spielte sie halb mit Spaß, halb mit Angst. Aus seinem Geldsäckel finanzierte er abendliche Feste, trat verschwenderisch auf, hütete sich vor der Sonne, aber nicht vor der Liebe. Die schöne *Mina* gewann sein Herz und er das ihre. Als sich sein Geheimnis enthüllte, mußte er fliehen. Dem treuen *Bendel* schenkte er seine Kisten Goldes und ritt davon. Unterwegs traf er den Grauen wieder, der Schlemihl vorschlug, ihm statt des Schattens seine Seele zu verschreiben. Heroisch schleuderte Schlemihl den Goldsäckel in einen Abgrund und verjagte den Teufel im Namen Gottes. Der Graue verschwand für immer und nahm – dies auch für immer – den Schatten statt der Seele Schlemihls mit sich fort. Mit seinem letzten Geld kaufte er Siebenmeilenstiefel. Auf ihnen durcheilte er fortan alle Länder. Die Erde war ihm zum reichen Garten gegeben. Hier widmete er sich forschend und sammelnd dem Studium der Pflanzen.

Eine fiebrige Erkrankung zwingt ihn zurück zu seinesgleichen. Bewußtlos erwacht er in einem Hospital. Es heißt Schlemihlium und wird geleitet von dem treuen *Bendel*, der mit Schlemihls Gold diese Stätte der Menschlichkeit gegründet hat und unterhält. Die geliebte *Mina* übte hier als gottesfürchtige Witwe Werke der Barmherzigkeit. Beide erkannten nicht den bärtigen Mann, und Schlemihl gab sich nicht zu erkennen. Er kehrte zurück zu seiner Wissenschaft. Einsam, doch zufrieden in sich gefestigt, erforschte er die Flora in allen Zonen der Erde und schrieb darüber ein gelehrtes Werk.

Chamisso gab seinem Prosastück eine Überschrift in vier Wörtern. Sie sind vier Schlüssel zur Deutung des Inhalts. Das erste Wort, Peter, ist ein braver deutscher Vorname. Ihn trägt ein junger Mensch, der bescheiden seinen geraden Weg durchs Leben gehen will. Er besitzt Gottvertrauen und hält es ohne Neid für gegeben, daß der kleinere Teil der Menschheit reich und der andere, zu dem er gehört, eben arm ist. Als er dem reichen Mann seinen Empfehlungsbrief überreicht, bereitet sich der Umschwung seines Schicksals vor. Der Graue, in dem sich das Böse verkörpert, steht schon in der Nähe. Er wird Peters bislang geraden Lebensweg zu schlimmen Windungen verbiegen, wird finstere Wendungen verursachen. Das nahende Unglück ist im zweiten Namen Peters angedeutet: Schlemihl.

Die Brüder *Jacob* und *Wilhelm Grimm* erläuterten im neunten Band ihres „Deutschen Wörterbuches“ das Wort Schlemihl. Es stamme aus der jüdischen Sprache und bezeichne neben anderem einen Pechvogel. Der Mann ohne Schatten war ein Pechvogel ganz in der schwarzen Bedeutung des Wortes. Die *Brüder Grimm* merkten darum an: „Chamissos Schlemihl, von verschuldetem und unverschuldetem Unglück verfolgt, führt also einen sehr charakteristischen Namen.“

Was dieser Schlemihl auch tut, was immer ihm geschieht, es liest sich wundersam, wie der Titel verheißt. Über *Kerners* „Reiseschatten“ sagte *Uhland,* „daß hier dem Leser, fast ohne sein Zutun, die Transparenz in der Phantasie aufgespannt wird“. Gleiches läßt sich über Chamissos Schattenspiel sagen. Die Requisiten der Phantasie: Zaubertasche, unerschöpflicher Goldbeutel, Tarnkappe, unsichtbares Vogelnest, erst recht der Schatten, der sich von seinem Eigentümer löst, das alles sind Mittel des Unwirklichen. Doch sie lassen das Wirkliche, die Härten des Lebens, um so schmerzlicher spüren.

Schließlich das vierte Wort. Es heißt „Geschichte“, meint also das Geschehen von Handlungen und Ereignissen, die unser Dasein beeinflussen und den einzelnen herausfordern, seinen Standort zu bestimmen und sich für seine Lebensaufgabe zu entscheiden. Die Literaturwissenschaft hat Chamissos Bezeichnung „Geschichte“ vielfältig interpretiert: als Märchen oder Legende, als Erzählung oder Allegorie, als Jugendbuch oder fiktive Memoiren, als phantastische Novelle oder verfremdete Autobiographie. Jede dieser Ansichten hat etwas für sich, doch nicht alles. Wie in der Philosophie keine volle Erkenntnis von nur einem Punkt aus gewonnen werden kann, sondern nur in umseitiger Schau von verschiedenen Standorten her, so kann auch ein facettiertes Werk der Literatur nicht nach einem Aspekt beurteilt werden. Nur die umspannende Kenntnisnahme kann die Vielfältigkeit auf der ganzen Bandbreite reflektieren. Erst dann zeigt sich – wie hier bei Chamisso – der Reichtum eines Meisterwerks.

Justinus Kerner stellte seinen „Reiseschatten" ein Widmungsgedicht an seine Freunde voran. Die ersten fünf Verse lauten:

Das sind die Schatten aus der Jugend Tagen!
O wollet sie mit alter Lieb' empfangen!
Wenn meine Lieder euch meist tönten Klagen:
So sind hier Scherze; doch auch die entsprangen
Nur tiefem Gram, den ich in mir getragen.

Diese Verse hätten auch vor Chamissos „Schlemihl" gepaßt. Er schrieb anderes. Im Brief aus Cunersdorf vom 27. September 1813 teilte er *Eduard Hitzig* in Berlin sachlich mit, der leibhaftige Peter Schlemihl habe ihm die Blätter mit seinen Erinnerungen überbracht. „Gestern früh bei meinem Erwachen gab man sie mir ab – ein wunderlicher Mann hatte sich nach mir erkundigt und dieses für mich hinterlassen. Er hatte aus Berlin zu kommen vorgegeben." Wie *Justinus Kerner,* der sich bei der Erstausgabe seines Buches 1811 hinter dem Pseudonym „Schattenspieler Lux" verbarg, trat nun auch Chamisso hinter die eigene Person zurück, als ob er nur der Herausgeber eines ihm anvertrauten Manuskriptes sei. Niemand glaubte ihm diese Version. Zu deutlich schaute das Original Chamisso aus jedem Kapitel hervor.

Viele Dichter jener Jahre ließen in ihre Lyrik und Prosa manches Bruchstück direkter oder indirekter Bekenntnisse eingehen. Auch Chamisso, der in seinen Briefen tief in seine Seele schauen ließ, trennte in seiner Dichtung selten die objektive Schilderung vom subjektiven Erlebnis. Sein „Schlemihl" ist hierfür ein sprechendes Dokument. Er könnte in seinem gesamten Text ein Kapitel seiner Biographie darstellen. Andererseits ergänzen viele Stellen seiner Briefe die autobiographischen Passagen der Schlemihl-Geschichte. Im Septemberbrief 1813 an *Hitzig* wies er zart daraufhin, in dem Manuskript „mögen manche genannt sein, die noch leben; auch das will beachtet sein". Viele Namen hatte er verändert, zwei nennt er original mit besonderer Vorliebe: die schöne *Fanny*, die er aus Hamburg kannte, und den braven *Bendel*, der sein Bursche während der Militärzeit war.

Kein schönerer Lohn konnte diesem herzhaften Mann aus dem Volk werden, als im „Schlemihl“ unter seinem Namen weiterzuleben. Chamisso läßt den Schlemihl sogar von Chamisso träumen, wie er an seinem Arbeitstisch zwischen einem Skelett und einem Bund getrockneter Pflanzen sitzt, Bücher von *Linné* und *Alexander von Humboldt* auf dem Tisch und auf dem Sofa ein Band *Goethe*. Ein reizvoll skizziertes Selbstbildnis, taktvoll placiert.

Der ausführliche Bericht über Chamissos „Schlemihl“ ist bedingt durch das Prosastück, das ihm frühen und bis heute anhaltenden Weltruhm eintrug, zum andern, weil die Handlung von Reflexionen zur inneren und äußeren Biographie des Dichters durchädert ist. Chamisso schrieb einleitend zu seiner „Reise um die Welt“, als er sich seinen Lesern vorstellte: „Ich schrieb in diesem Sommer (1813), um mich zu zerstreuen und die Kinder eines Freundes zu ergötzen, das Märchen Peter Schlemihl.“ Das war leichthin geäußert. Indessen bleibt das Vordergründige ebenso wahr wie das Hintergründige. Wenn er allerdings den Kindern *Hitzigs* vorlas oder ihnen frei erzählte, ließ er das Nachdenkliche beiseite zugunsten des belustigenden und spannenden Ablaufs der Abenteuer des Mannes ohne Schatten.

Schlemihls vorgebliche Anreden an den „lieben Freund“, an den „guten Chamisso“, an „Adelbert“ kaschieren ein indirektes Selbstgespräch Chamissos, das er mit kompositorischer Kunst in ein Stück Weltliteratur verwandelte. Die engeren Freunde wußten: hier hatte er Weh und Weg seiner ersten Lebenshälfte dichterisch in den Erzählstoff hineingestaltet. Als ein Entwurzelter, „kein Vaterland mehr oder noch kein Vaterland“, noch keinen festen Platz im bürgerlichen Leben, noch keine Aussicht auf eine Position irgendwann im wissenschaftlichen Bereich, angewiesen auf das Wohlwollen anderer, sich bitter bewußt, daß er schon sein viertes Jahrzehnt begonnen hatte – all diese Erfahrung ließ ihn über die eigene Person hinaus die Möglichkeit einer gefährlichen Entwicklung erkennen: Die aufkommende kapitalistische Gesellschaft bedroht den Schwächeren, den ihr Ausgelieferten durch ihre Gleichgültigkeit gegenüber seinem Schicksal, durch ihr Gewinnstreben, sofern dies nicht sozial reguliert wird.

Chamisso stellte dem schlagschattigen Selbstbewußtsein des Erfolgsmenschen den hilfreichen Sozialmenschen gegenüber. Ihn verkörperte er in dem treuen *Bendel*, den Schlemihl mit Gold zum begüterten Mann gemacht hatte. Anders als die von Haus aus mühelos Reichen wußte der Redliche: Eigentum verpflichtet. *Bendel*, der Armgewesene und Reichgewordene, besaß das Wissen der Entbehrung und das Gewissen der Menschlichkeit. Mit Schlemihls Gold schuf er ein soziales Werk und nannte es, den Spender ehrend, Schlemihlium. Hier nahm er Menschen auf, die Not litten oder krank waren, und rettete sie vor dem Verderben. *Bendel* handelte unter dem Gebot der Barmherzigkeit.

Wie dieses im „Schlemihl" vorgestellte humanitäre Beispiel aus Chamissos Weltanschauung erwachsen war, bekannte er deutlich im letzten Jahr seines Lebens. Zweieinhalb Monate vor seinem Tod, am 9. Juni 1838, schrieb er an den französischen Freund *de la Foye:* „Mein Glaubensbekenntnis ist noch das zu Anfang des achten Kapitels des ‚Schlemihls' ausgesprochene." Dort ist zu lesen: „Du weißt, daß ich deutlich erkannt habe, seitdem ich den Philosophen durch die Schule gelaufen, daß ich zur philosophischen Spekulation keineswegs berufen bin und daß ich mir dieses Feld völlig abgesprochen habe. Ich habe seither vieles auf sich beruhen lassen, vieles zu wissen und zu begreifen Verzicht geleistet und bin, meinem geraden Sinn vertrauend, der Stimme in mir, soviel es in meiner Macht gewesen, auf dem eignen Weg gefolgt."

Was er 1813 geschrieben hatte, erläuterte er, schon dem Tod nahe, in seinem Brief ein Vierteljahrhundert später: „Ich habe jahrelang über dem Neuen Testament gebrütet. Eine Dogmatik mir zurechtzulegen, bin ich unvermögend gewesen. Wird denn eine von uns gefordert werden? Unsere ganze Gesittung ist christlich. Ich habe, der ich mich vorurteilsfreier als viele glaubte, andere Gesittungen angeschaut, auch wohl versucht, eine mir zusagendere zu erdichten, und habe mich immer beschämt auf die christliche zurückgeführt gefühlt."

Aus dieser Gesinnung entwarf er das Bild von Schlemihlium und widmete später den Mühseligen, Bedrängten und Ausgestoßenen seine in eine soziale Zukunft weisenden Gedichte: 1827 „Der Invalid im Irrenhaus", 1829 „Der Bettler und sein Hund", 1832 „Das Urteil des Schemjaka über den armen Russen", 1833 „Der Bettler" – mit seiner Anklage „Ihr hättet mich erziehen sollen, wie sich's für einen Menschen schickt". und im selben Jahr „Die alte Waschfrau". Dieses Loblied auf die unbekannte tätigtreue Arbeiterin aus dem niederen Volk stand früher in fast allen Schulbüchern.

Lange bevor *Gerhart Hauptmann* seine Sozialdramen schrieb, hat „Die alte Waschfrau" den Zug der Armen, der Unterprivilegierten, der Deklassierten und der sogenannten Asozialen angeführt, Ruferin noch im Vorhof der sozialen Gerechtigkeit. Chamisso, romantischer Träumerei längst entsagend, erweist ihr und ihresgleichen seine Reverenz, eine erste Reverenz des Jahrhunderts:

Und ich, an meinem Abend, wollte,
Ich hätte, diesem Weibe gleich,
Erfüllt, was ich erfüllen sollte
In meinen Grenzen und Bereich.

Wie das Schlemihlium ein soziales Verhalten symbolisiert, so spiegelt der „Schlemihl" selber Chamissos endgültige Entscheidung, sich fortan der Naturwissenschaft zu widmen, speziell der Botanik. Mehr noch: in den Streifzügen des Siebenmeilenstieflers durch die Zonen der Erde malt sich schon das Vorausbild von Chamissos „Reise um die Welt", wie er später den Bericht über seine dreijährige Erdumsegelung nennen wird. Eigenes Ahnen und einfallsreiches Erzählen, persönliches Erleben und realistische Schilderung einer erfundenen Handlung sind im „Schlemihl" zum individuellsten Kunstwerk Chamissos verwoben und objektiviert. Vieles hat er geschrieben: Gedichte und Berichte, Epigrammatisches und Dramatisches, wissenschaftliche Abhandlungen und private Briefe, doch auf keine seiner Schriften kam er so oft zurück wie auf seinen „Schlemihl“. Noch vier Jahre vor seinem Tod dichtet er:

Der Zeit gedenk ich, da wir Freunde waren,
Als erst die Welt uns in die Schule nahm.

Aus der Distanz von über zwanzig Jahren schaut er auf seine Schattengeschichte:

Und was ist denn der Schatten?, möcht ich fragen,
Wie man so oft mich selber schon gefragt.

Sicher hatte er *Goethes* Epigramm gelesen:

Wer immerdar nach Schatten greift,
Kann stets nur leere Luft erlangen.
Wer Schatten stets auf Schatten häuft,
Sieht endlich sich von düstrer Nacht umfangen.

Im schattenlosen Schlemihl hatte sich Chamisso dichterisch befreit aus der „düsteren Nacht“ der Ungewißheit, hatte nicht mehr in leere Luft gegriffen, sondern seine Aufgabe in der Wissenschaft angepackt. Als Botaniker kannte er das Reich der Nachtschatten mit der giftigen Tollkirsche und dem tödlichen Bilsenkraut, aber auch mit der nährenden Kartoffel und der erfrischenden Tomate, die er beide in Berlin oft verzehrt hatte. Als Zeitgenosse hatte er gehört von den Schattenkönigen *Napoleons*, den lichtlosen Nullen im Schatten eines Großen. Er hatte den imaginären Sprung über den eigenen Schatten versucht und blieb doch immer bei sich selber. Schließlich konnte er sich amüsieren über das Paradoxon seines Schlemihls, denn der Schattenlose geriet auf die Schattenseite des Daseins. Länger über das Phänomen Schatten zu sinnieren, erschien ihm jetzt müßig. So antwortete er auf die eigene Frage, was denn der Schatten sei, kurz und gelassen:

Die wir dem Schatten Wesen sonst verliehen,
Sehn Wesen jetzt als Schatten sich verziehen.

Wer war, verwehte in die Unterwelt des Hades, den die Alten den Vielaufnehmer nannten. Um so herzhafter hielt sich Chamisso an seine Maxime: „Nur Leben kann wieder Leben ergreifen." Hochgemut dichtete er:

Wir geben uns die Hand darauf, Schlemihl,
Wir schreiten zu und lassen es beim alten:
Wir kümmern uns um alle Welt nicht viel,
Es desto fester mit uns selbst zu halten.

Die Verse stehen in dem Widmungsgedicht „An meinen alten Freund Peter Schlemihl", dem Vorwort zur dritten deutschen Auflage. Schon 1819 konnte Chamisso erfreut notieren: „In Kopenhagen, Petersburg, Reval ist unberufen Schlemihl da, so bei den Deutschen am Cap. Aus Leihbibliotheken wird er regelmäßig gestohlen. Spaß hat er mir genug gemacht. Ich muß mich hüten, meinem Schlemihl einen blasseren Bruder nachzuschicken. Übersetzt ist er meines Wissens noch in keine Sprache."

Doch vier Jahre später erschien die erste englische Übersetzung. Übermütig berichtete Chamisso der Freundin *Rosa Maria* nach Hamburg, daß der „alte Schlemihl sich von den Berliner-Straßen-Gängen bis ins englische Oberhaus Bahn gebrochen hat". Innerhalb eines Jahres erschienen drei Auflagen in London und eine nachgedruckte in Boston. Es folgten die Holländer und die Spanier. Die französische Originalausgabe besorgte Chamisso selber, sein poetisches Geschenk ans Mutterland.

Wächst eine literarische Figur ins allgemeine Bewußtsein, wird sie zur Metapher im täglichen Sprachgebrauch, was für den Autor bedeutender werden kann als das exklusive Lob eines Fachmanns. So erfuhr Chamisso, in *Kants* Königsberg sei ein neuer Garten angelegt worden mit vielen Blumen und Büschen, doch keinen Bäumen. Da die Besucher an den Sommertagen hier keinen Schatten fanden, erfanden sie bald den passenden Namen: Schlemihls Garten.

Das Scherzwort der Königsberger erinnert an einen Spaß Chamissos aus früherer Zeit. Er ging an einem Sommernachmittag mit seinem Dichterfreund *Fouqué* spazieren. Die Sonne schien ihnen behaglich warm auf den Rücken. Beider Schatten schoben sich lang und schwarz vor ihnen her. Chamisso neckte den Freund, wie es wohl wäre, wenn er flink dessen Schatten aufrollen und einstecken würde. *Fouqué* müßte dann als ein Schattenloser sich wie ein Nackter vor jedermann schämen. Dieser närrische Einfall, ein belachter Sommerscherz, trudelte als Samenkorn in Chamissos Phantasie. Es keimte, und unversehens erwuchs daraus Schlemihls Geschichte.

Fouqué, der erste Mensch, den sich Chamisso ohne Schatten vorstellte, revanchierte sich literarisch nobel. Er veröffentlichte 1814 die „wundersame Geschichte" seines Freundes. Ohne daß beide damals es ahnen konnten, lenkte Schlemihl mehr Weltruhm auf Chamisso als seine Erdumsegelung, zu der er im Jahr danach aufbrach. Die dreijährige Reise erinnerte ihn oft an den Siebenmeilenstiefler. Wie einen Vorausboten hatte er ihn ferne Länder durchstreifen lassen, die er nun selber betrat. Als er nach der Rückkehr sein Reisebuch schrieb, gedachte er Schlemihls schon im ersten Satz. Beglückt intonierte er seine Schilderung in dem Bewußtsein, einen Reisetraum verwirklicht zu haben, wie er „mir im ‚Schlemihl' vorgeschwebt". Über den Verlauf der Reise ist im folgenden zu berichten.

9 Ausfahrt

Das Jahr 1814 war ein Jahr des großen Wechsels. Nach der gewonnenen Völkerschlacht bei Leipzig marschierten die Alliierten nach Paris. Die Stadt wurde am 30. März übergeben. Den Tag darauf ritten die Herrscher der siegreichen Truppen, *Friedrich Wilhelm III.* von Preußen und *Alexander I.*, Zar von Rußland, in Paris ein. Am 6. April dankte *Napoleon* ab. Er wurde nach Elba verbannt. Als er auf der Insel ankam, zog seine Gegnerin, *Madame de Staël,* in Paris ein. Sie hatte redend, schreibend und leidend gegen die Diktatur *Bonapartes* gekämpft, für ein freies Frankreich. Sie fand ein bedrücktes, besiegtes Land, besetzt von fremden Truppen. In ihrem Salon versuchte sie sich zum letzten Mal in der diplomatischen Kunst, um durch persönliche Begegnungen mit den neuen Herren positiven Einfluß für ihr Land zu gewinnen.

Die große Veränderung hatte begonnen. Ihr Rufer, der Philosoph *Fichte,* geistiger Führer des deutschen Widerstandes gegen *Napoleon,* war am 29. Januar in Berlin gestorben. In Paris übernahm *Alexander von Humboldt* das Amt des inoffiziellen Vermittlers zwischen der Besatzung und der durch Übergriffe gefährdeten Bevölkerung. In Wien wurde ein europäischer Kongreß vorbereitet, um die napoleonische Machtpolitik zu annullieren. In Rom stellte Papst *Pius VII.*, fünf Jahre lang Gefangener *Napoleons,* den Kirchenstaat wieder her. In Südamerika kämpfte der Befreier *Simón Bolívar* gegen die spanische Kolonialmacht. In Wien trat am 1. Oktober der „Wiener Kongreß“ zusammen.

Neben Staatskanzler *Hardenberg* war *Wilhelm von Humboldt* zweiter Vertreter Preußens.

In London druckte der deutsche Erfinder *Friedrich Koenig* zum ersten Mal öffentlich auf seiner Schnellpresse. Premiere war die Ausgabe der „Times“ vom 29. November 1814. Seitdem wollten immer mehr Menschen immer zeitiger von immer mehr Ereignissen lesen, bald auch immer schneller und immer weiter reisen. Der Ingenieur *George Stephenson* leitete das fahrfreudige Verkehrszeitalter ein, als er während dieses bewegten Jahres in England die erste Lokomotive baute. Chamisso hatte die rauschhafte Lust an steigender Reisegeschwindigkeit vorausempfunden, als er seinen Schlemihl auf Siebenmeilenstiefeln die Länder durchqueren ließ, viel zu schnell, um als Mensch noch das Maß der Dinge zu sein. Dennoch wird der Dichter, ein passionierter Fußwanderer, fröhlich den Fortschritt per Lokomotive begrüßen:

> Mein Dampfroß, Muster der Schnelligkeit,
> Läßt hinter sich die laufende Zeit.

Doch jetzt, in eben dem Jahr 1814, ziehen sich noch keine eisernen Schienen durch das Land. Von Stadt zu Stadt rollen, poltern die Postkutschen über Schlaglöcher, gebremst von Schlagbäumen an den vielen Zollgrenzen. „Die Fürsten“, empörte sich *Varnhagen,* „brandschatzen die Reisenden wie die Wegelagerer.“ Er selber, *Karl August Varnhagen von Ense,* belagerte wiederum jahrelang den Weg der prominenten *Rahel Levin,* Gründerin der „Dachstube“, des schöngeistigen Treffpunktes Berlins. Endlich, 1814, konnte er die um vierzehn Jahre ältere Frau heiraten. Chamisso berichtete dem gemeinsamen Freund *Foye:* „Seit 7, schreibe sieben, Jahren ist er der Freund der berühmten, kleinen, wunderbaren, geistigen und scharfsinnigen *Rahel Levin.* Jetzt heiratet er sie.“ Von der anderen Geistesdame, *Germaine de Staël,* erschien 1814 die Übersetzung ihres Buches „Über Deutschland“ im Verlag *Eduard Hitzig,* Berlin, wie es Chamisso seinerzeit angeregt hatte. Sein eigenes Buch, der „Schlemihl“, sprang in Nürnberg bei dem Verlag *Leonhard Schrag* mutig in die Lesewelt.

Chamisso war im Spätherbst 1813 nach Berlin zurückgekehrt. Von nun an „schlemihlte“ er nicht länger mit poetischen Einfällen, sondern arbeitete nüchtern und konsequent in seiner Wissenschaft. An *de la Foye:* „Jetzt ist die Botanik an der Tagesordnung. Nun gilt es, alles, was ich in zwei Jahren gesammelt, zu einem ordentlichen Herbario zu ordnen. Ich mag wohl an die 4000 Species besitzen.“ Sammlerfleiß und Studieneifer trieben ihn voran wie im Tempo eines Zeitraffers, der den Zeitverlust vergangener Jahre ausgleicht. Er hörte Collegia über Naturphilosophie, Medizin, Magnetismus, Elektrizität und nach wie vor Botanik und Zoologie. Daneben arbeitete er im Zoologischen Museum Professor *Lichtensteins,* Abteilung Fische, Krebse, Würmer. Sein philologisches Interesse konzentrierte er auf Latein. Lesend, schreibend, sprechend lebte er sich ein in die Sprache der Wissenschaft wie ein gelehrter Mönch des Mittelalters.

Sein Dasein war, mitten in einer unruhigen Welt, friedlich ausgewogen. Das Studium an der Berliner Universität und das private Lernen, die Tätigkeit im Zoologischen Museum und das geduldige Ordnen seines Herbariums, das Wohlwollen der Professoren und die familiäre Geborgenheit im Hause *Hitzig* – das alles schenkte ihm zum ersten Mal so etwas wie stabile Harmonie. „Ich will in meinem kleinen Kreis tüchtig, praktisch, brauchbar und gut sein. Meine Freunde sollen sich an mir freuen, und ich will so fest und froh sein, als ich kann.“ Diese einfachen, bescheidenen Worte umschreiben schlicht und doch programmatisch seine Forderung an sich selbst.

Die Harmonie löste sich von einem Tag zum anderen auf. Am 22. Mai 1814 starb *Hitzigs* junge Frau. Für Chamisso war sie Mutter und Schwester zugleich gewesen. Nun hatte das Haus den wärmenden Quell der Liebe verloren. *Hitzig,* eben noch erfolgreicher Verleger des Staël-Buches, gab den Buchhandel auf und kehrte als Kammergerichtsassessor in die Versorgung des Justizdienstes zurück. Das Haus verödete.

Die familiäre Vereinsamung führte Chamisso zu äußerer

Veränderung. Er beschloß, baldmöglich den Plan einer Forschungsreise zu realisieren. Die Zeit schien reif und günstig. Prinz *Max von Wied-Neuwied* rüstete für seine Brasilien-Expedition. Chamisso bewarb sich um die Teilnahme. Als Referenz nannte er seinen Professor *Lichtenstein*. Über sich selber schrieb er: „Einen anspruchslosen, eifrigen, rüstigen Gehilfen werden Sie an mir haben. Ich bin der Geburt nach ein Franzose, der Sprache, dem Sinn, der Bildung nach ein Deutscher." Er wies auf sein intensives Naturstudium hin und fuhr fort: „Ich habe mir zum Zweck meines Lebens gesetzt, einst für die Wissenschaft zu reisen, und habe mich hauptsächlich der Botanik ergeben." Dann ergänzte er: „Ich bin aber auch anderen Zweigen der Naturwissenschaft nicht fremd geblieben; ich habe z. B. die vergleichende Anatomie erkennend das Scalpell selber geführt, auch das Mineralreich kennengelernt."

Die Antwort auf das Gesuch enttäuschte den Idealisten. Der Prinz suchte Partner, die auf eigene Kosten mitreisen wollten. Resignation fiel Chamisso noch einmal an. Er stöhnte: „Ich lasse die Welt gehen und ziehe einen Fuß nach dem andern aus ihr heraus. Nichts fesselt mich mehr recht, und ich glaube, man möchte fast so ein abgekühltes Tier einen Philosophen nennen." Dann wieder der Umschwung ins heißblütige Verlangen. Eines Morgens blätterte er lustlos in einer Zeitung. Plötzlich jagte ihn eine Meldung hoch. Er las, die Russen würden eine Entdekkungsfahrt nach dem Nordpol vorbereiten.

Nordpol? Chamisso haßte den Winter, die Kälte, den Schnee, das Eis, das Frostgeklirr, die polaren Winde. Einerlei: Nordpol! Er mußte endlich ein Ziel finden. Warum sonst sollte ihm der Zufall diese Zeitung in die Hand gespielt haben? Zufall ist das dem Menschen von seinem Schicksal Zufallende. Also voran! „Ich wollte, ich wäre mit diesen Russen am Nordpol!", brach es laut aus Chamisso hervor. Er reichte *Hitzig* das Blatt. Der Freund las aufmerksam die Meldung und fragte trocken: „Ist es Dein Ernst?"

„Ja!" rief Chamisso ungeduldig.

Hitzig kannte ihn wie niemand sonst. Er verstand sogleich, daß sich in dem kurzen „Ja" ein lang angestautes Verlangen entladen hatte, die seelische Explosion am Endpunkt einer gewundenen Zündschnur. Sachlich, wie als Jurist gewohnt, erklärte er dem Unruhigen, was als erstes zu geschehen habe: „Schaffe mir augenblicklich Zeugnisse über Deine Studien und Befähigung zur Stelle. Wir wollen sehen, was sich tun läßt."

Chamisso eilte zur Universität und bat Professor *Lichtensein* und die anderen Professoren um ihre Gutachten. Alle seine Lehrer schrieben dem nunmehr 34jährigen Studenten vorzügliche Zeugnisse. Alsdann bemühte sich Patron *Hitzig,* seine russischen Beziehungen zu nützen. Er sandte Chamissos Gesuch nebst Zeugnissen an den ihm befreundeten Staatsrat *August von Kotzebue,* den Schwager des nachmaligen Admirals der Russisch-Kaiserlichen Marine, *Johann Adam von Krusenstern.*

Schneller als erwartet antwortete der deutschstämmige *Krusenstern,* der von 1803 bis 1806 eine großangelegte Expedition kommandiert hatte. Sein Bescheid war klar und positiv. Der ursprünglich ausgewählte wissenschaftliche Begleiter der Expedition sei erkrankt. Statt seiner könne der bestens empfohlene Naturforscher Chamisso an der dreijährigen Reise teilnehmen. Ehr- und Gewinnsucht hätten keine Aussicht. Als Lohn gelte das Gefühl, an einem rühmlichen Unternehmen mitgewirkt zu haben. Das Schiff sei gut gebaut, eine eigene Kajüte werde für den gelehrten Mitreisenden vorgesehen. Chamisso jubelte. Begeistert nahm er das Angebot an.

Die Weltgeschichte lieferte ihm zusätzliche Schubkraft. *Napoleon* kehrte im Frühjahr 1815 überfallartig aus Elba zurück, riß noch einmal die Herrschaft über Frankreich an sich und rüstete sofort zum Feldzug gegen seine Besieger vom Vorjahr. Europa erschrak, Chamisso heftiger als je.

Varnhagen beobachtete die rasante Entwicklung von Berlin aus. In seinen Erinnerungen schreibt er: „Wir alle hatten seit unserem dichterischen Bunde mancherlei Schicksalsbahnen durchlaufen. Unsere damaligen Wünsche, uns in Welt und Leben umzutun, waren zum Teil erfüllt worden, und neue Wandlungen standen eben bevor. Das größte Abenteuer hatte sich Chamisso ausgesucht, eine Reise um die Welt." *Varnhagen* spürte und verstand die Gewissensnot des Freundes. „Den Deutschen im Innersten angehörig, konnte er doch die Franzosen als seine Volksgenossen nie verleugnen. Was in Frankreich geschah, zuckte mehr, als er es gestand, durch seine Nerven. Er wurde von vielen Seiten zweideutig, ja mißtrauisch angesehen. Den glücklichen Ausdruck eines Freundes, daß diese Zeit für ihn kein Schwert habe, faßte er begierig auf und noch begieriger die Aussicht, mit einer russischen Schiffsrüstung eine wissenschaftliche Weltfahrt anzutreten. Er entging dem grausamen Mißverhältnis, zwischen tätigen Leidenschaften untätig und vereinzelt dazustehen und in seinen tiefsten Empfindungen täglich verletzt zu werden."

Die Berliner Freunde nahmen Abschied von Chamisso, unter ihnen einer, mit dem er manchen dionysischen Abend verbracht hatte: *Ernst Theodor Amadeus Hoffmann*, ein vielseitiger Mann, Dichter, Musiker und Jurist. Beide wollten zusammen einen Roman verfassen. Das offenbar in Weinlaune geborene Projekt blieb Fragment, doch ihre Freundschaft erlitt keinen Bruch. Der vom Schlemihl hingerissene *Hoffmann* wird in der Phantasie Chamissos Reise nacherleben, als ob er sich die Siebenmeilenstiefel ausgeliehen hätte, um ebenfalls die tropischen und polaren Erdpunkte zu erreichen.

Die russische Admiralität informierte Chamisso, das Expeditionsschiff „Rurik" werde St. Petersburg am 27. Juli und Kronstadt am 1. August verlassen. Er könne frühestens am 5. August in Kopenhagen zusteigen. Mittlerweile waren die kriegerischen Ereignisse schneller abgerollt als Chamissos Vorbereitungen. Schon am 18. Juni besiegten *Blücher* und *Wellington* endgültig den Störer Europas in der Schlacht bei Waterloo. *Napoleon* wurde auf die Insel St. Helena verbannt und mit der Strafe des Nichtstuns belegt. Chamisso hingegen traf genau einen Monat nach Waterloo, am 18. Juli 1815, in Hamburg ein, um bald die tätigste Zeit seines Lebens zu beginnen.

Die „Rurik“ segelte von Kopenhagen nach der englischen Hafenstadt Plymouth an der Kanalküste. Als das Schiff den Ärmelkanal durchquerte, schaute Chamisso zurück in Richtung Frankreich. Er wollte zum Abschied das Land seiner Herkunft mit den Augen grüßen. Doch eine Nebelwand hing über der französischen Küste. Es schien ihm, als habe sich ein Vorhang über die Vergangenheit gesenkt. Die wehen Jahre lagen hinter ihm. Voller Erwartung und Tatendrang wandte er sich seinem künftigen Leben zu. Plymouth war der Ausgangshafen großer Entdeckungsfahrten gewesen. Von dort, so hoffte er, werde auch ihn das endlich erfaßte Glück seiner Bestimmung entgegenführen.

Illustration für *Das Riesenspielzeug*. Stahlstich von Zwecker.

10 Erdumsegelung

Rußlands Reichskanzler *Graf von Romanzoff* hatte die Expedition der Brigg „Rurik“ ausgerüstet. Das Schiff der russischen Kriegsmarine trug symbolkräftig den Namen des sagenhaften Helden, der im 9. Jahrhundert den ältesten russischen Staat gegründet hatte, die Rus, aus der das große Rußland erwuchs. Bevollmächtigter des Kanzlers war *Krusenstern.* Er hatte von 1803 bis 1806 mit zwei Schiffen die erste russische Erdumsegelung unternommen. Die Schilderung seiner Fahrt veröffentlichte er in drei 1812 erschienenen Bänden. Sie trug denselben Titel wie Chamissos späteres Buch: „Reise um die Welt“.

Aus den Erfahrungen und Ergebnissen der ersten Erdumsegelung erteilte *Krusenstern* im Sinne *Romanzoffs* den Auftrag für die zweite: Erkundung der Südsee und Fahrt nach der Beringstraße, um nördlich von Alaska die Möglichkeit einer Durchfahrt zum asiatischen Teil Rußlands zu erforschen. Die Dauer der Reise war auf ebenfalls drei Jahre festgesetzt.

Zum Leiter der Expedition bestimmte *Krusenstern* einen jungen Offizier, der ihm bei der eigenen Fahrt als Sekretär gedient und sich seemännisch bewährt hatte: den 27jährigen *Otto von Kotzebue,* Sohn des Dichters *August von Kotzebue,* also wie *Krusenstern* ein Deutschstämmiger. Ihm vertraute er die „Rurik“ an.

Chamisso war am 13. August 1815 in Kopenhagen an Bord

gegangen. Sein erster Eindruck von dem Kapitän war angenehm: „Ein junger frischer Seemann, ohne Härte für Schiffsordnung." Chamisso hatte sich getäuscht. *Otto von Kotzebue,* obwohl Sohn eines Theaterdichters, war kein musischer Mensch, sondern ein militärischer. Er hielt auf Disziplin, verlangte stets und von jedem Subordination, führte straff das Kommando, war fachlich seinen Offizieren weit überlegen und von dem Ehrgeiz besessen, jedes Erfolgserlebnis der Expedition in die eigene Leistungsbilanz einzurechnen. Er galt trotz seiner jungen Jahren als einer der fähigsten Kapitäne der russischen Kriegsmarine.

Der liberal-lässige Chamisso bildete zu *Kotzebue* eine Kontrastfigur, wie sie gegensätzlicher kaum gedacht werden kann. Er war und blieb dem Kapitän unbehaglich. Was sollte dieser künstlerische Zivilist auf einem Kriegsschiff? *Kotzebue* behandelte den ihm aufgezwungenen Gast von oben herab, mit fast arroganter Distanz. Chamisso überspielte salopp das Verhalten des Kapitäns und nahm gelassen dessen mangelnde Sympathie samt den Unbequemlichkeiten der Reise als Facetten eines großen Abenteuers.

Die dreijährige Reise forderte Chamisso dreifach heraus. Zuerst als Person, die sich ohne Reibung in einen Personenkreis auf engstem Raum einpassen mußte. Das gelang ihm dank seines verträglichen Wesens. Sodann als Wissenschaftler, der zu beobachten, zu forschen, zu sammeln, aufzuschreiben und auszuwerten hatte. Nie ermüdend im Impetus der Begeisterung erfüllte er diese Aufgabe. Schließlich wurde er als Schriftsteller gefordert, der zuerst in Briefen an Freund *Hitzig,* dann in seinem Buch die Reiseliteratur bis auf den heutigen Tag bereicherte.

War der junge *Kotzebue* schon berühmt geworden durch seine Teilnahme an der ersten russischen Erdumsegelung, so konnte sich Chamisso sagen: „Ich war wenigstens noch der erste, der eine gleiche Reise von Berlin aus unternahm." Nichts Negatives konnte ihm diese heitere Gewißheit trüben.

Der Landmensch Chamisso versuchte, sich in der veränderten Lebensweise auf dem Schiff sogleich einzurichten. Er besaß die glückliche Gabe, sich überall bald zu Hause zu fühlen. Doch *Kotzebue* erschwerte ihm von vornherein das Einleben, ließ ihn ohne Kenntnis der Schiffsordnung, ohne Belehrung über seine Pflichten und Befugnisse, obwohl ihn Chamisso darum gebeten hatte. „Es mußte mir in meinen Verhältnissen auf der ‚Rurik' so wie überhaupt in der Welt ergehen, wo nur das Leben das Leben lehrt."

In der „abgesonderten kleinen Welt" der Nußschale Schiff war er nun eingepreßt und eingeschlossen – „umengt" wie er prägnant an *Hitzig* schrieb. Offenbar sollte er zeitlebens die Spannung zwischen Enge und Weite ertragen. Auf der „Rurik" empfand er sie am stärksten, zwischen dem Blau des Meeres und dem Blau des Himmels eingekastelt. Anders als *Krusenstern* ihm in Aussicht gestellt hatte, bewohnte er keine eigene Kajüte, sondern eine mit vier Kojen, in denen vier Personen schliefen. „Meine Koje und drei der darunter befindlichen Schubkasten sind der einzige Raum, der mir auf dem Schiff angehört. Ich bedauere sehr, daß ich nicht ein eigenes Hundeloch gefunden", schrieb er im Brief an den Berliner Freund.

Kapitän *Kotzebue* gab sich weiterhin distanziert. Wie beiläufig bemerkte er, das Pflanzensammeln während der Reise sei nicht statthaft. Der bis auf den letzten Winkel genützte Raum des Schiffes erlaube keine solche Lagerung. Im übrigen stehe dem Herrn Naturforscher ein Maler zur Disposition, der nach der Natur zeichnen könne. Der Maler wiederum weigerte sich, für Chamisso zu arbeiten. Nur der Kapitän könne ihm befehlen. Der Kapitän befahl nie dergleichen.

Schon bald lernte Chamisso, daß seine Hauptaufgabe darin bestand, „sich so unbemerkbar zu machen, so wenig Raum einzunehmen, so wenig da zu sein, als immer möglich". Als sogenannter Titulargelehrter war er „Passagier auf einem Kriegsschiff, auf dem man nicht gewohnt ist, welche zu haben". Der großzügige *Krusenstern* war weit weg in St. Petersburg, der engherzige *Kotzebue* auf der „Rurik" allgegenwärtig. Chamisso schildert in eigenen Worten die Situation: „Das russische Sprichwort sagt: Gott ist hoch, und der Kaiser ist fern. Unumschränkter als der Kaiser ist an seinem Bord der Mann, der immer gegenwärtige, an dem man gleichsam mit dem Rücken angewachsen ist, dem man nicht ausweichen, den man nicht vermeiden kann. Herr *von Kotzebue* litt an Unterleibsbeschwerden, und wir spürten ungesagt auf dem Schiffe, wie es um seine Verdauung stand. Besonders in der späteren Zeit der Reise, wo seine Kränklichkeit zunahm, mochte er leicht von dem, der ohne Arg grade vor sich schritt und fest auftrat, sich gefährdet glauben."

Chamisso hatte während seiner Militärzeit die Kunst kluger Zurückhaltung erlernt. Er praktizierte sie nun dem Kapitän gegenüber. Gelang es ihm, unsichtbar zu bleiben, genoß er sogar das Spielchen und fühlte sich wie sein Schlemihl unter der Tarnkappe. Im Grunde scherten ihn Kleinigkeiten und Kleinlichkeiten wenig. Was bedeuteten sie gegen die Größe der kühnen Rurik-Expedition oder gar gegenüber Ereignissen, die die Welt verändern? Im Hafen von Plymouth berührte er noch einmal die Spur *Napoleons,* „den von hier aus, kurz vor unserem Einlaufen, die ‚Bellerophon' nach St. Helena abgeführt hatte, damit er, der einst die Welt unterjocht und beherrscht hatte, dort in erbärmlichen Zwistigkeiten mit seinen Wächtern kleinlich untergehe".

Wie die „Rurik" in ihrem Namen die Erdumsegelung als ein nationales Unternehmen Rußlands kundtat, so schien auch der Name des Schiffes, das *Napoleon* in die Verbannung trug, das Schicksal des vermessenen Machtmenschen zu symbolisieren: *Bellerophon,* ein kämpferischer Held der griechischen Sage, wollte auf dem Flügelroß Pegasus zum Olymp emporstürmen, hin zu den Göttern. Er stürzte ab. Aufstieg und Absturz *Napoleons* bewegten Chamisso über die Jahre hinaus. Sich an Plymouth und das britische Kriegsschiff „Bellerophon" erinnernd, wird er einmal die dramatische Skizze „Der Tod Napoleons" schreiben.

Auf der „Rurik“ schlummerte der Dichter in ihm. Chamissos Denken und Fühlen, seine volle Erlebniskraft waren nach außen gerichtet. Er hatte sich zum Reisemenschen verwandelt, sich ganz der Naturbeobachtung hingegeben. Unter der Besatzung des Schiffes blieb er ein Außenseiter, den Offiziere und Mannschaft halb als Gelehrten respektierten, halb als Sonderling belächelten. Was sollte ein Pflanzensammler, ein Quallengucker auf einem Kriegsschiff? Die Männer wußten nicht, daß ihr Fahrgast ein verabschiedeter Premierleutnant der preußischen Armee war. Nur Kapitän *Kotzebue* war informiert. Aber was ist schon ein Verabschiedeter, mochte er verächtlich gedacht haben, wie seine kalte Miene verriet.

Chamisso war der Älteste an Bord. Außer dem Ersten und Zweiten Leutnant dienten auf der „Rurik“ drei Untersteuerleute, zwei Unteroffiziere und zwanzig Matrosen, dazu ein Zeichner, dessen Dienste der Kapitän benötigte. Wie auf jedem Schiff, selbst auf einem Seeräubersegler, fuhr auch ein Schiffsarzt mit. Er hieß *Johann Friedrich Eschscholtz* oder, wie die Russen ihn nannten, *Iwan Iwanowitsch Eschscholtz,* stammte aus Dorpat, war gerade 22 Jahre alt und hatte Medizin und Naturwissenschaft studiert. Chamisso nannte ihn „treu und edel wie Gold“. Sie wurden Freunde. *Eschscholtz* blieb der einzige, mit dem sich Chamisso während der dreijährigen Reise vertraulich austauschte. Ähnlich wie *Humboldt* und sein französischer Reisegenosse *Bonpland* waren sie ein harmonisches Forscherpaar. „Ich habe mit meinem treuen *Eschscholtz* immer gemeinsam studiert, beobachtet und gesammelt. Wir haben in vollkommener Eintracht nie das Mein und Dein gekannt. Es mochte sich einer nur an der eigenen Entdeckung freuen, wann er den anderen zum Zeugen, zum Teilnehmer gerufen hatte.“

Am 4. Oktober 1815 verließ die „Rurik“ Plymouth. „Die Heimat lag hinter uns, vor uns die Hoffnung.“ Während der Fahrt nach Teneriffa gelang Chamisso eine der interessantesten Entdeckungen auf dem Gebiet der Zoologie. Er berichtete darüber in seinem Reisebuch: „Windstille ruft zu einer neuen Tätigkeit den Naturforscher auf, der bei günstigem Winde müßig, den

Blick nur vorwärts gerichtet, von der Küste träumt, auf welcher er zunächst landen soll. Die Sonne lockt die niederen Tiere des Meeres an die Oberfläche des Wassers, und er kann dieser reizendsten Rätsel der Natur leicht habhaft werden. Hier beschäftigten mich und *Eschscholtz* besonders die Salpen, und hier war es, wo wir an diesen durchsichtigen Weichtieren des hohen Meeres die uns wichtig dünkende Entdeckung machten, daß bei denselben eine und dieselbe Art sich in abwechselnden Generationen unter zwei sehr wesentlich verschiedenen Formen darstellt; daß nämlich eine einzeln freischwimmende Salpa anders gestaltete, fast polypenartig aneinandergekettete Junge lebendig gebiert, deren jedes in der zusammen aufgewachsenen Republik wiederum einzeln freischwimmende Tiere zur Welt setzt, in denen die Form der vorvorigen Generation wiederkehrt. Es ist, als gebäre die Raupe den Schmetterling und der Schmetterling hinwiederum die Raupe."

Am 27. Oktober tauchte am Horizont der Pico de Teyde von Teneriffa auf, und am kommenden Tag um elf Uhr ließ die „Rurik" auf der Reede von Santa Cruz die Anker fallen. Chamisso und *Eschscholtz* war es freigestellt, eine dreitägige Exkursion ins Innere der Insel zu unternehmen. Zuvor verfiel *Kotzebue* einer seiner militaristischen Anwandlungen. Chamisso: „Ich hatte mir während dieser Fahrt den Schnurrbart wachsen lassen, wie ich ihn früher in Berlin getragen. Als wir uns dem Landungsplatze näherten, ersuchte mich der Kapitän, ihn abzuschneiden. Ich mußte das Opfer bringen und Haare lassen."

Teneriffa! Befreit und glücklich fühlte Chamisso wieder festen Boden unter sich, liebliche Erde: „Ich will nichts hier, als eben in den bezaubernden Tälern der seligen Inseln bei Orotava mein Leben genießen. So sehe ich mich nun am Fuße der Palmen mit dem Rauch der edlen Nicotiana (aus der Chamisso-Pfeife) alle Sorgen unter afrikanischem Himmel aushauchen. Lebe wohl, mein Ede!" Im Brief an *Eduard Hitzig* gedachte Chamisso seines großen Vorgängers: „Hier hat *Humboldt* mit *Bonpland* fünf Tage zugebracht."

Beide hatten am 21. Juni 1799 den 3730 Meter hohen Pico de Teyde bestiegen und auf seinem Gipfel den Ausblick auf die Insel und das Meer genießen können. Unter diesem Eindruck schrieb *Alexander von Humboldt:* „Man lernt die Physiognomie einer Landschaft desto besser kennen, je genauer man die einzelnen Züge auffaßt, sie untereinander vergleicht und so auf dem Weg der Analysis den Quellen der Genüsse nachgeht, die uns das große Naturgemälde bietet." Ein Mensch, der den beobachtenden Empiriker und den die Natur erfühlenden Betrachter in sich vereint, erlebt das Naturgemälde im erhöhten geistigen Genuß als Darstellung des wahren Schönen, der schönen Wahrheit. Wie seinerzeit für *Humboldt* veranschaulichte sich auch für Chamisso diese bildhafte Erkenntnis immer wieder auf seiner Reise um die Erde.

Während der Teneriffa-Exkursion sammelte Chamisso etwa vierzig Pflanzen. Er nahm sie zum Trocknen mit auf das Schiff. Die „Rurik" lichtete am 1. November 1815 die Anker, verließ den Hafen Santa Cruz und segelte Kurs Südwest Richtung Brasilien. Am 23. November, abends acht Uhr, überquerte sie im Atlantik den Äquator. Ein Matrose als Neptun taufte die Neulinge für den Besuch der südlichen Erdhalbkugel. Am Nachmittag des 12. Dezember erreichte die Expedition das brasilianische Festland gegenüber der Insel Santa Catharina.

Humboldt hatte nach seiner Ankunft in Südamerika an seinen Bruder *Wilhelm* geschrieben: „Wir sind hier in dem göttlichsten und vollsten Lande." Ähnlich berauscht von der tropischen Natur war Chamisso. Übermütig schrieb er an *Hitzig*, „daß Eure Dichter die Welt aus dem Hals der Flasche betrachten, in welcher sie eben eingeschlossen sind. Auch das haben wir los." Und: „Ich atme doch durch alle Poren zu allen Momenten neue Erfahrungen ein." Mannigfaltigkeit und Fülle des animalischen und pflanzlichen Lebens begeisterten ihn. Mehr noch: „Die Tierwelt ist in Einklang mit der Pflanzenwelt. Der Lianenform der Gewächse entspricht der Kletterfuß der Vögel und der Wickelschwanz der Säugetiere." Der Reichtum der brasilianischen Flora bestätigte ihm, wie verdienstvoll die Forschungen früherer Botaniker und ihrer großen Nachfolger waren, unter ihnen der ihm gleichaltrige *Johann Baptist Spix* (1781–1826) und *Karl Friedrich Philipp Martius* (1794–1868), zuletzt Direktor des Botanischen Gartens in München. „Alles war neu für die Wissenschaft. Die Arbeiten so vieler Männer haben sich nur noch über Bruchstücke erstrecken können." Bescheiden sich selber anschließend, fügte er hinzu: „Hält einer Nachlese in einer Familie, die bereits ein anderer bearbeitet hat, gibt oft diese der ersten Ernte wenig nach."

Ein Grundzug in Chamissos Wesen und Schreiben war seine Zurückhaltung bei großen Themen. Was *Humboldt* als Naturgemälde entwarf und diese Art schriftstellerischer Darstellung den Jüngeren empfahl, nahm Chamisso auf, wenn er eine Region in ihrer landschaftlichen Gestaltung, ihrer Tier- und Pflanzenwelt, ihrer menschlichen Besiedlung voll durchlebt hatte. Viele seiner Reisebilder bezeugen seine aufs Ganze gerichtete Sehweise. Im übrigen skizzierte er, statt sich anzumaßen, ein abgerundetes Bild zu liefern, wenn er nur kursorische Kenntnis gewinnen konnte. So schrieb er über seinen Brasilienbesuch: „Ich werde nicht, ein flüchtiger Reisender, der ich auf dieses Land gleichsam nur den Fuß gesetzt habe, um vor der riesenhaft wuchernden Fülle der organischen Natur auf ihm zu erschrekken, mir anmaßen, irgend etwas Belehrendes über Brasilien sagen zu wollen. Nur ein Eindruck, den es auf mich gemacht, den es in mir zurückgelassen hat, möchte ich den Freunden mitteilen; aber auch da fehlen mir die Worte."

Wenn schon Chamisso die Worte fehlen, wie könnte dann überhaupt jemand seine „Reise um die Welt" zusammenfassen und dem kunstvollen und inhaltsreichen Werk gerecht werden? Es soll deshalb im folgenden nur die Route der Expedition verfolgt und an der einen oder anderen Station kurz innegehalten werden. Im ganzen wäre zu empfehlen, Chamissos Schilderung seiner realen Reise zu lesen; sie ist so „wundersam" wie Peter Schlemihls erdachte Reisen mit den Siebenmeilenstiefeln.

Die „Rurik" startete am frühen Morgen des 28. Dezember

1815 zu einer neuen Etappe ihrer Forschungsfahrt. Sie folgte der amerikanischen Küste im Südwest-Kurs, umsegelte Kap Horn, steuerte dann nordwärts und erreichte am 12. Januar 1816 die chilenische Stadt Concepcion. Während der Fahrt hatte Chamisso eine Auswahl interessanter Gewächse in einem Mastkorb zum Trocknen ausgelegt. Beim Reinigen des Schiffes wurde, wie er betrübt mitteilt, „mein kleiner Schatz ohne vorhergegangene Anzeige über Bord geworfen". Wieder einmal Gewalt gegen Geist. Chamisso versagte sich den Kommentar.

Die „Rurik" lag während des chilenischen Aufenthaltes in Talcaguano, dem Hafen von Concepcion. Hier fand Chamisso Muße zu einem Brief an *Eduard Hitzig*. Heimweh befällt ihn bei den ersten Zeilen: „Berlin ist mir durch Dich die Vaterstadt und der Nabelort meiner Welt, von dem aus ich zu meinem Zirkelgang ausgegangen, um dahin zurückzukehren und meine müden Knochen, so Gott will, neben den Deinen zur letzten Ruhe auszustrecken." Er berichtet erleichtert, daß sich seine Beziehung zu *Kotzebue* angenehm verändert habe. Der Kapitän nehme jetzt mehr Anteil an der Wissenschaft und gebe ihm freie Hand, soweit es die Beschränkung auf dem Schiff erlaube. Mit *Eschscholtz* habe er Insekten und Pflanzen gesammelt: „Meine Insekten werden für das Berliner Museum, von allen Sämereien eine Partie für Berlin bestimmt."

Am 8. März 1816 verließ die „Rurik" die Bucht von Concepcion und steuerte weiter nordwärts. Ihr nächstes Ziel war Kamtschatka. „Wir traten unter dem 33. Grad nördlicher Breite in die Region der nordischen Nebel, und der Himmel und das Meer verloren ihre Bläue. Wir hatten am 13. Juni unter dem 47. Grad nördlicher Breite Sturm und Eis." Am 19. Juni lief die Brigg in die Bucht von Awatscha ein. Kamtschatka war erreicht. „Schnee bis an das Ufer! Das am 19. Juni unter der Breite von Berlin!" Die arktische Etappe der Entdeckungsreise begann.

Die Halbinsel Kamtschatka liegt zwischen dem Ochotskischen Meer und dem Beringmeer. Beide Meere tragen historische Namen. Das Ochotskische Meer ist nach der Stadt Ochotsk am Ostrand des asiatischen Rußland benannt. Sie wurde 1648 gegründet, im letzten Jahr des Dreißigjährigen Krieges. Als Mitteleuropa sich zerfleischte und ausgeblutet endlich Frieden schloß, hatten die Russen unbemerkt schon die pazifische Küste erreicht. Die kommende Weltmacht markierte durch die Ausdehnung ihres Reiches bereits ihre künftige Position vor.

Das Beringmeer und die sich um das Tschuktschen-Kap windende Beringstraße, die zum nördlichen Eismeer führt, tragen den Namen des dänischen Entdeckers *Vitus Bering*. Er unternahm in russischem Auftrag 1725 und 1741 zwei Erkundungsfahrten ums Meer östlich von Kamtschatka. Dabei entdeckte er, daß die gegenüberliegende Küste zu einem Festland gehört. *Bering* starb 1741 auf einer Insel nordöstlich der Awatschabucht, die seitdem seinen Namen trägt. *Berings* Begleiter auf der zweiten Reise war der Deutsche *Georg Wilhelm Steller* (1709–1746). Er durchforschte zwei Jahre lang die Halbinsel Kamtschatka und hinterließ als Quellenwerk seine „Beschreibung von dem Lande Kamtschatka".

Die Rurik-Expedition ankerte in der Awatschabucht bei der Hafenstadt St. Peter und Paul, amtlich Petropawlowsk Kamtschatsky, und verweilte da vom 20. Juni bis zum 24. Juli 1816. „Hier, zu St. Peter und Paul", schrieb Chamisso, „betrat ich zum ersten Mal den russischen Boden; hier sollte ich meine erste Bekanntschaft mit Rußland machen." Capitän *James Cook* hatte während seiner dritten Erdumsegelung im Peterpaulshafen ebenfalls Station gemacht, vor nun schon über 38 Jahren.

Kamtschatkas Gouverneur *Rudokoff* nahm seine Landsleute und deren Begleiter gastfreundlich auf und sorgte für eine Überholung des Schiffes. Chamisso genoß den fröhlichen Umgang mit den einheimischen Russen und lernte ihnen schnell die zur Verständigung notwendigen Vokabeln ab. Nur eine Enttäuschung traf ihn bitter: die erwartete Post aus Petersburg war nicht angekommen. „Wir haben während dieser drei Jahre keine direkt an uns gerichtete Nachricht von der Heimat und keine Briefe von unseren Angehörigen erhalten. Nur der düstere

Nachklang europäischer Nachrichten aus den russischen Zeitungen, die ich noch nicht lesen kann."

Beglückt hingegen entdeckte er in der Hafenstadt eine Büchersammlung, „in welcher wir verwundert und erfreut Werke fanden, deren Mangel wir schmerzlich empfunden hatten". Hier konnte er „die Arbeit von *Georg Wilhelm Steller* bewundern"; ein Leitfaden zum Studium des Seegewürmes war so nützlich wie das Buch des deutschen Naturwissenschaftlers *Peter Simon Pallas* (1741–1811) „Reise durch verschiedene Provinzen des russischen Reiches". Dieses Werk bot der Rußlandforschung eine solide Ausgangsbasis. Ein anderes Buch entzündete in Chamisso sonnenhelle Freude, die „Flora Sibirica" von *Johann Georg Gmelin* (1709–1755) aus Tübingen. Der Botaniker hatte die Pflanzenwelt Kamtschatkas und Sibiriens zum ersten Mal systematisch durchforscht. Kaum faßbar schließlich: da standen in dem alten Holzregal ein paar Bücher, auf deren Rücken Chamisso überrascht den Namen eines altvertrauten Freundes las: *Julius Klaproth*. Ja, das war der lustige Geselle aus dem Nordsternbund, damals in ihrer unbeschwerten Jugendzeit zu Anfang des Jahrhunderts, „als ich in Berlin vertraulich mit ihm lebte und von ihm Chinesisch lernen wollte". Chamisso erkannte *Klaproths* chinesisches Siegel mit dem Spruch des Konfuzius: „Die Gelehrten sind das Licht der Finsternis."

Gouverneur *Rudokoff* war aus Verständnis hilfsbereit. Er erlaubte seinem Gast, benötigte Bücher für die Dauer der Forschungsreise zu entleihen. Chamisso gedachte dieser Noblesse eines Mannes, der Herzens- und Geistesbildung vereinte, dankbar in seinem Reisebericht: „Dem Herrn Gouverneur schien es die natürlichste Bestimmung dieser Bücher zu sein, bei einer wissenschaftlichen Expedition wie die unsrige, gebraucht zu werden, und er ließ mich aus der Bibliothek die Werke, die ich begehrte, nehmen, unter der heilig von mir erfüllten Bedingung, sie nach der Heimkehr der Petersburger Akademie zurückzustellen." Es fanden sich auch ein paar Kisten mit getrockneten Pflanzen. Sie stammten von einem Sammler, „der in diesem Winkel der Erde ein unglückliches Ende nahm". Der Gouverneur schenkte sie dem Botaniker – ein wertvoller Zuwachs für Chamissos schwimmendes Herbarium.

Der Anblick der Klaproth-Bücher hatte ein Stück Vergangenheit aufleuchten lassen. Stärker noch erregte ein Bild Chamissos Erinnerung an eine andere Periode seines Lebens. Im Haus eines Amerikaners, bei dem er zu Gast war, sah er „das von chinesischer Hand zierlich auf Glas gemalte Porträt von *Madame Récamier*, der liebenswürdigen Freundin der Frau *von Staël*, bei der ich lange Zeit ihres vertrauten Umgangs mich erfreute. Wie ich hier dieses Bild betrachtete, schien mir unsere ganze Reise eine lustige Anekdote zu sein."

Die Sommerkampagne 1816 der Expedition sollte der Rekognoszierung dienen als Vorbereitung für eine zweite Sommerkampagne. Am 17. Juli verließ die „Rurik" die Bucht von Awatscha und steuerte weiter nordwärts. Am 20. Juli passierte sie die Beringinsel. „Sie erschien uns im schönen Grün der Alpentriften; nur stellenweise lag Schnee." Bei günstigem Wind erreichten sie am 27. Juli die St. Lorenz-Insel am Eingang zur Beringstraße, 63 Grad nördlicher Breite. Für die Rekognoszierung der Region war ein voller Monat vorgesehen. Chamisso botanisierte sogleich auf der Insel. „Selten hat mich eine Herbarisation freudiger und wunderlicher angeregt. Es war die heimische Flora, die Flora der Hochalpen unserer Schweiz zunächst der Schneegrenze, mit dem ganzen Reichtum, mit der ganzen Fülle und Pracht ihrer dem Boden angedrückten Zwergpflanzen." Auf einer Höhe der Insel fand er unter Steintrümmern einen Menschenschädel. Er bestimmte ihn für die Schädelsammlung des Berliner Anatomischen Museums, da solche immer selteneren Fundstücke für die Geschichte der Menschenrasse bedeutsam sind.

Seit Anfang August beteiligte sich Chamisso an Exkursionen durch das Seegebiet bis hinüber nach Alaska. Hier war auch Kapitän *Cook* gekreuzt. Die Küste Alaskas jenseits der Beringstraße hatte er nicht durchforscht, hatte geradezu das Feld dem Kapitän *Kotzebue* überlassen. Er entdeckte auf der Höhe des

Polarkreises einen Sund, der nach ihm benannt wurde: Kotzebue-Sund; eine Stadt am Ufer trägt ebenfalls seinen Namen: *Kotzebue.*

Mitten im Sund liegt eine Insel. Sie ist granitisch und bietet Schiffen sicheren Schutz. Hier ankerte die „Rurik“ vom 4. bis zum 11. August. Die Insel heißt bis heute Chamisso-Insel. So vereint geographisches Gedenken den Kapitän und seinen ungebetenen Gast für immer. Eine Bucht gegen Norden erhielt den Namen *Eschscholtz*-Bucht.

Auf dem Schiff hatten Chamisso, *Eschscholtz* und andere einmal *Krusensterns* Atlas betrachtet. Einer meinte: wenn ein Berg nach Chamisso benannt werden sollte, dann ein Vulkan, des ewigen Qualms wegen, der aus der Chamisso-Pfeife wie aus einem Krater emporsteige. Wie zur Ironie lag die Chamisso-Insel nun auf dem arktischen Polarkreis zu Ehren eines Sommermenschen. Schon bei der Ankunft in Kamtschatka hatte ihn geschaudert vor der „Gegend unter dem Leichentuch von Schnee“. Wie hatte ihn Südamerika aufleben lassen: „Voller und schneller lebt der Mensch unter der scheitelrechten Sonne, die – wie in Brasilien – Fülle des Lebens aus dem Schoß der Erde zeugt.“ Sehnlich wünschte er: „Wahrlich, ich möchte in der Region der Palmen wohnen und gewahren von da den alten Unhold (den Winter) auf die Zinnen des Gebirges gebannt.“

Das rauhe Klima am Polarkreis stimmte ihn melancholisch, und seine Melancholie weckte den Dichter in ihm. Der Botaniker Chamisso pflegte seine getrockneten Pflanzen kurzum als „Heu“ zu bezeichnen. Nun seufzte er das spaßig-leichte Wörtchen resigniert in wieder einmal andrängende Verse. Sie stehen im Gedicht „Aus der Beringstraße, im Sommer 1816“.

> Ich pflückte Blumen, sammelte nur Heu.
> Das tat ich sonst, das tu ich auch noch heute,
> Ich pflücke Blumen, und ich sammle Heu;
> Botanisieren nennen das die Leute.

Ihn schrecken die düsteren Nebel auf trübem Meer, die vereisten Felsen, kalten Massen ohne Widerhall. Keine Chamisso-Insel könnte ihn im Norden festhalten, er will sich im Süden aus seelischer und körperlicher Erstarrung lösen:

Wann erst der Palme luftge Krone wieder
In tiefer Bläue schlankgetragen ruht,
Aus heitrer Höh die mächtge Sonne nieder
Zur wonngen Erde schaut in reiner Glut,
Dann schmiegen sich durchwärmt die starren Glieder,
Und minder schwer zum Herzen fließt das Blut,
Dann möchten auch die düstern Träume weichen
Und ich die Hand dir sonder Klage reichen.

Kapitän *Kotzebue* unternahm keine Fahrt durch die Bering-Straße. Dafür schien ihm die Expedition noch nicht vorbereitet. Chamisso meinte allerdings: „Es dünkt mich, daß man nach unseren Erfahrungen die Hoffnung noch hegen dürfte, durch eine Einfahrt in das Eismeer zu dringen." Er begnügte sich gelassen mit der Feststellung: „Dieses Unternehmen ist aber nicht, wie ich es wähnte, unsere Sendung."

Militärisch exakt hielt sich der Kapitän an die Befehle der Admiralität. Da das Kriegsschiff „Rurik" auch strategische Aufgaben zu erfüllen hatte, war *Kotzebue* dieserhalb an Geheimbefehle gebunden. Hinzu kamen ökonomische Interessen. *Napoleons* Kriege gegen Rußland und England hatten den Überseehandel gelähmt. Daher wirkte jetzt die „Russisch-Amerikanische Handelskompanie" auf das Vorhaben „Rurik" ein. Der Kapitän mußte sorgsam die einzelnen Gesichtspunkte bei seinen Planungen bedenken. Er duldete keine Mitwisser, am wenigsten Chamisso. War er Franzose? War er Deutscher? Auf wessen Seite stand er? Wenn auch der Kapitän erlaubt hatte, daß im *Kotzebue*-Sund eine Chamisso-Insel existierte, so brachte die Nähe der Namen in dem Sund doch keine Annäherung der Männer auf dem Schiff. Trotz ihrer freundlicher gewordenen Mienen blieben sie einander fremd.

Am frühen Morgen des 29. August 1816 verließ die Brigg „Rurik" die Bucht der St. Lorenz-Insel und segelte südwärts zu der Alëuten-Insel Unalaschka. Dort traf sie um die Mittagsstunde des 7. September vor der Siedlung Illiuliuk ein und ließ die Anker fallen. Am folgenden Tag lief ein anderes Schiff ein, kommandiert von Kapitän *Binzemann,* einem Preußen aus der Danziger Gegend. Der Wahlpreuße Chamisso und der geborene Preuße standen am Polarkreis wie auf einem selbstgeschaffenen Stück Heimatboden, als sie ihre Hände fest ineinanderschlugen. Nach einer Woche verließ die „Rurik" Unalaschka und steuerte Richtung Südost nach San Francisco, dort Ankunft am 2. Oktober. Sie blieben einen Monat in Kalifornien, eine Erholungspause für die Besatzung. Nach der Proviantierung des Schiffes stachen sie in den Pazifik und segelten nach den Sandwich-Inseln, den heutigen Hawaii-Inseln.

James Cook hatte sie 1778 entdeckt. Er wurde dort ein Jahr später, am 14. Februar 1779, auf der Hauptinsel O-Waihi (Hawaii) im Kampf mit Eingeborenen getötet, offenbar weil er das Tabu eines örtlichen Heiligtums verletzt hatte. Die Insulaner stellten seine Gebeine in einem Götzentempel aus. Im Gedächtnis der Menschheit steht der große Seefahrer ebenbürtig neben *Christoph Columbus, Vasco da Gama* und *Fernando de Magellan.* Er hatte ein großes Stück unseres Planeten entschleiert und die nachfolgende Entdeckergeneration angeregt, sich unverzagt bis in letzte noch unbekannte Erdwinkel vorzuwagen, wie es *Kotzebue,* Chamisso und *Eschscholtz* mannhaft in der Arktis taten.

Die „Rurik" ankerte im Hafen von Hana-ruru, dem heutigen Honolulu. Chamisso ging eilends an Land, als zöge ihn ein Magnet vom Schiff. Wie weit lagen St. Peter und Paul, das Beringmeer, Unalaschka, der *Kotzebue*-Sund hinter ihm, wie weit die hinterlassene Namensspur auf der Chamisso-Insel. Dort hatte er gefroren. Nebel hatten ihm den Blick versperrt. Der Erdboden hatte sich eisig gegen ihn verhärtet, als wolle ihn die mütterliche Erde nicht mehr annehmen. Vorbei! Sein letzter Schritt von der Schiffsplanke zum Ufer war sein erster Schritt auf

Polynesien, dem Vielinselland im Pazifik. Es schien, als nickte ihm die Sonne zu wie einem heimgekehrten Sohn. Zarte Luft umfächelte seine Wangen, ein goldblauer Himmel hieß ihn willkommen, und er meinte, den Glanz des Himmels sich spiegeln zu sehen in den heiteren Gesichtern der Menschen, die ihm zulächelten – ihm, dem langbeinigen Chamisso, der jetzt auf das braune Völkchen zuschritt, als sei er schon immer sein Freund.

Für einen Augenblick schoben sich die Zeiten ineinander, die Vergangenheit löste sich in Zukunft auf, und die Zukunft war Gegenwart. War es ein Rausch? Phantasmagorie, vom Fieber der Freude erzeugt? Oder doch Wirklichkeit? Chamisso wußte: hier trat er in eine der wenigen Wirklichkeiten seines Erdenglücks. Er ergriff den Tag, trat gleichsam als Bruder unter das Volk der Polynesier und fühlte sich nach dem ersten Schritt auf dem Boden von Hana-ruru wie zu Hause aufgenommen. Kein *Kapitän Cook,* den sie töteten, eher einer der ihren, dem sie sofort vertrauten.

Chamisso grüßte die freundlichen Menschen mit dem einzigen Wort, das er bis jetzt von der Hawaii-Sprache kannte, mit dem Friedensgruß „Arocha!“ Liebevoll klang das Echo von Männern, Frauen und Kindern: „Arocha“! Die Kinder liefen ihm nach. Die Erwachsenen blieben an seinem Weg stehen. „‚Arocha!‘ ward mir in allen Tönen unablässig nachgerufen, und ich erwiderte treuherzig jeden Gruß.“

Er hörte sich bald ein in die „kindergleiche Sprache“ der Sandwich-Insulaner. Schon nach wenigen Tagen konnte er sich mit ihnen verständigen, wenn er beim einsamen Botanisieren unterwegs war. Die Polynesier wurden zu seinem Lieblingsvolk. Wie bedauerte er es, daß noch kein berufener Ethnologe daran gedacht hatte, ihre Geschichte zu erhellen „und die großen Rätsel, die uns Polynesien darbietet, aufzulösen. Wahrlich, es hätte durch die Romanzoffsche Expedition Preiswürdiges für die Wissenschaft gewonnen werden können, wenn sie einem geradsinnigen, eifrigen Forscher einen Aufenthalt von einem Jahre auf diesen Inseln gegönnt hätte. Aber man fährt wie eine abgeschossene Kanonenkugel über die Erde dahin, und wenn man heimkommt, soll man rings ihre Höhen und Tiefen erkundet haben."

Am 14. Dezember verließ die Brigg „Rurik" den Hafen von Hana-ruru. Nächstes Ziel waren die Ratak-Inseln im Marshall-Archipel, 6 bis 12 Grad nördlicher Breite. Die Fahrt dauerte über drei Wochen. Das Jahr 1816 endete für die Besatzung mit einem Dauerregen, der ihr Schiff tagelang begleitete.

Eduard Hitzig, der Empfänger der Reisebriefe, unterrichtete Chamissos Freunde und seine Professoren an der Berliner Universität über den Kurs der Expedition. Da die Briefe erst nach Wochen oder gar Monaten eintrafen, konnten sie nie den jüngsten Stand des Unternehmens erfahren. Daher wähnten *Hitzig* und die anderen den fernen Chamisso am Jahresende noch immer in der Polarregion, zumal die Expedition volkstümlich „Nordpolfahrt" hieß.

Einer der Berliner Freunde, *E.T.A. Hoffmann,* beschloß Chamissos „Nordpoljahr 1816" mit einem imaginären Gruß an den Unerreichbaren. Er selber hatte ein ergiebiges Jahr hinter sich. Sein Roman „Die Elixiere des Teufels" war erschienen, und seine nach dem Märchen *Fouqués* komponierte Oper „Undine" hatte ihre ersten Erfolge. Jetzt fehlte ihm nur noch Chamisso. Mit ihm hätte er einen langen Abend durchpokulieren mögen, um neue Pläne hochzuphantasieren. Aber der tolle Kerl trieb sich am Nordpol herum, wie *Hoffmann* meinte. Er wollte dem frierenden Freund schreiben.

Vergnügt setzte er die Feder an. Mit der Tinte floß ein bizarrer Einfall aufs Papier. Statt der Buchstaben, die in wohlgeordneten Reihen aufmarschieren sollten, schwangen übermütige Bogen über die weiße Fläche, strichelten sich muntere Wellenlinien hinzu, schnörkelten schnurrige Schleifen, hüpften Punkte, füllte sich der Umriß mit hurtiger Schraffur und kecken Kurven. Nach allen Seiten sauste die Feder, als habe sie die dicke Welt auf das dünne Blatt zu bannen. Wie wenn es wirklich so sein sollte, besann sich die Feder auf ihren Buchstabenberuf und schrieb zwischen die schwingenden Außenkreise: „Die Welt". Und oben: „Der Nordpol". Und unten „Schlemihl reist zum Nordpol und wird von demselben freundlich empfangen". Noch schnell ein paar Schnörkel mittschiffs, eine Senkrechte als Mast, ein paar schräggespannte Leinen, ein Lockenkopf, eine Figur und fertig: *Hoffmanns* Karikatur auf die Erdumsegelung Chamissos.

Da hockt er gemütlich im Ein-Mann-Boot, angetan mit der geschnürten Kurtka, über dem Rücken hängend die Botanisierbüchse. Auf der Mastspitze sitzt als oberster Vertreter der Zoologie ein Vogel. Das Segel ist vom Polarwind gebläht und wölbt sich abweisend („umweltbewußt") gegen Chamissos Pfeifenqualm. In der Rechten hält er eine tapfer blühende Blume, die ihn als Botaniker legitimiert. Hinter ihm, im engen Boot, quirlt Seegetier. Im Heck kauert ein Eisbär und steuert gerade die Landung am Nordpol. Dort sitzt der Herr des Pols auf einem Eisblock. Er hält eine Tafel, darauf zu lesen: „Schlemihl botanisierend for ever." Der Herrscher der Kälte heißt Chamisso wärmer willkommen als der kühle *Kotzebue* im vergangenen Jahr auf der „Rurik".

Real wurde der Nordpol fast ein Jahrhundert später erreicht. Sein erster Bezwinger war der Amerikaner *Robert Edwin Peary*, am 6. April 1909. In der Phantasie gab *Hoffmann* seinem Freund Chamisso die Ehre.

Die Ratak-Inseln, eine Inselkette im Osten des Marshall-Archipels, liegen zwischen acht und zehneinhalb Grad nördlicher Breite. Die Expedition erforschte sie vom 6. Januar bis zum 12. März 1817 und zur Nachlese noch einmal fünf Tage Anfang November. Chamisso berichtet viel von dem Inselvolk. Erst hier glaubte er, *Rousseaus* Forderung „Zurück zur Natur" vollends zu verstehen. Die harmonische Lebensweise der dortigen Menschen empfand er als paradiesisches Dasein, noch insular geschützt vor waffenmächtiger Habgier, kalter Ökonomie und naturferner Bürokratie. Mit vergleichendem Seitenblick auf die Welt seines Herkommens schrieb er: „Wir machten herrliche Wanderungen infolge der Freundlichkeit der Eingeborenen, deren Sauberkeit, Einfachheit und feine Sitten uns weit übertrafen!"

„Es bleibt mir zu berichten, wie wir Bekanntschaft mit einem Volk machten, welches ich unter allen Söhnen der Erde liebgewonnen habe. Wir wurden Freunde, rückhaltslos."

„Der Europäer, der fern von der Heimat mit Völkern verkehrt, über die er sich im Vorteil fühlt, wird von manchen Anwandlungen des Dünkels versucht, denen sich hinzugeben er sich nicht übereilen müßte."

„Uns trat überall das Bild des Friedens bei einem werdenden Volk entgegen. Wir sahen neue Pflanzungen, fortschreitende Kultur, viele aufwachsende Kinder bei einer geringen Menschenzahl, zärtliche Sorgfalt der Väter für ihre Erzeugten, anmutige leichte Sitten, Gleichheit im Umgang zwischen Häuptlingen und Mannen, keine Erniedrigung vor Mächtigeren."

Neben seinen ethnographischen Studien ging Chamisso nach wie vor seinen biologischen Interessen nach, denn Flora und Fauna waren hier noch unberührt von zivilisatorischen Eingriffen. Er sammelte Korallen, Seeigel und Pflanzen. Auf einer der Inseln suchte er sich einen geeigneten Trockenplatz. „Ich hatte in meinem Hag einen Stab eingepflanzt und daran einen Büschel Pandanusblätter, das Zeichen des Eigentums, gebunden. Unter diesem Schirm war meine Anstalt den guten Radakern, auf deren Wege sie lag, heilig geblieben, und kein spielender Knabe hatte je das Geringste in dem bezeichneten Bezirk angerührt." Chamisso rühmte mehrmals die Achtung der Insulaner vor des anderen Eigentum. Wenn Fremde aus einem solchen Land ihr Geld und Gut „der Habsucht unseres Pöbels aussetzten, würden sie den Europäern kein so gutes Zeugnis der Ehrlichkeit zu sprechen haben als wir diesem Volk".

Wie schmerzlich empfand er das Verhalten der Rurik-Leute.

„Unsere Matrosen erhielten an einem Sonntag Urlaub, sich an Land zu ergehen, und unternahmen eine Wanderung um den Umkreis der Insel. Sie entdeckten meinen Trockenplatz, zerstörten von Grund aus meine mühsam zusammengebrachte Sammlung." Seinem Kollegen *Eschscholtz* erging es ähnlich. Er hatte eine Sammlung seltener Korallen auf das Schiff gebracht und sie zum Austrocknen in einen leeren Hühnerkasten gelegt. „Als er sich eines Morgens nach seinen Korallen umsehen wollte, waren sie samt und sonders über Bord geworfen worden." Die Matrosen kannten die Geringschätzung *Kotzebues* für die beiden Wissenschaftler und blieben straflos für ihre rüden Vergehen.

Verwundert und beglückt erlebte Chamisso, wie ein einfacher Insulaner den europäischen Seeleuten an Anstand, Herzensgüte, Hilfsbereitschaft und bescheidener Zurückhaltung weit überlegen war. Er hieß *Kadu,* stammte von den Karolinen-Inseln westlich des Marshall-Archipels und wurde Chamissos bester Berater bei dessen völkerkundlichen und sprachlichen Studien. Mehr noch: er wurde ein brüderlicher Freund des weißen Mannes, der wiederum diesen Sohn des Südens wie seinesgleichen an sich zog. Chamisso bezeichnete *Kadu* als einen „der schönsten Charaktere, die ich im Leben angetroffen habe, einen der Menschen, die ich am meisten geliebt".

Nicht jeder Edelmann ist ein edler Mann. Standesadel rangiert unter Menschenadel. *Kadu* und manch anderer Insulaner Polynesiens waren edle Männer. Chamisso, der selber dem Standesadel entstammte, schrieb dazu: „Man hat sich verwundert, mich von Adel unter den Polynesiern sprechen zu hören. Allerdings finde ich da noch den Adel, wie ich mir denke, daß er ehedem bei uns bestand, wo er bereits verschüttet nur noch in verblassenden Erinnerungen lebt. Anerkannt wird in unsern Staaten unter dem Namen Adel nur noch das Privilegium, und es ist auch nur gegen das Privilegium, daß das Wehen des Zeitgeistes fast zum Sturm anschwillt. Ein Adel, der gegeben und genommen werden kann, der verkauft wird, ist keiner. Der Adel liegt tiefer, er liegt in der Meinung, er liegt in dem Glauben. Ich finde in der französischen Sprache, wie sie in meiner Kindheit war, Wörter, deren die deutsche ermangelt, und ich bediene mich ihrer. Le Gentilhomme, das ist der echte Adel, wie er auf Polynesien ist, wie ihn kein König verleihen, kein *Napoleon* aus der Erde stampfen kann."

Mitte März 1817 verließ die „Rurik" die Ratak-Inseln und segelte aus zu ihrer zweiten Nordlandfahrt. „Wir wandten uns von einer heiteren Welt dem düsteren Norden zu." Am 25. April erreichten sie den inneren Hafen der Alëuten-Insel Unalaschka, wie im Vorjahr bei der Ansiedlung Illiuliuk. Während der fast sechswöchigen Seefahrt lagen Schiffsalltag und drohender Schiffsuntergang nahe beieinander. An sonnigen Tagen mußte Chamisso auf Deck „Schildwache" stehen am Trockenplatz seiner Pflanzen, damit sie ihm nicht zertreten oder über Bord geworfen wurden. Nachts versuchte er, sie heimlich in der Kajüte zu verstauen. „Was ich nicht in meinem Bett hege, gebe ich verloren." Am 13. April zerstörten ein Orkan und das tosende Meer beinahe die „Rurik". Chamisso empfand das Schiff wie einen engen Sarg, „getragen himmelan". Von der nahe gewesenen Katastrophe beruhigte er sich bei ein paar Stanzen. „Man macht wenig deutsche Verse auf und bei Unalaschka." Er dichtete in seiner Koje liegend:

So wüte, Sturm, vollbringe nur dein Tun,
Zerstreue diese Planken, wie den Mast,
Den wohlgefügten, mächt'gen, eben nun
Du leichten Spieles schon zersplittert hast!
Da unten, mein ich, wird ein Mensch doch ruhn;
Da findet er von allen Stürmen Rast.

Am 10. Juli ankerte das Schiff noch einmal vor der St. Lorenz-Insel. Am nächsten Tag erfuhr die Besatzung, der Kapitän leide an der Brust und sei bettlägerig, und am übernächsten Tag kam die sonderbarste Überraschung der ganzen Reise: „Am 12. machte der Kapitän uns und der Mannschaft der „Rurik" schriftlich bekannt, daß er den Zweck der Reise wegen seiner zerstörten Gesundheit aufgebe und deren Reste dazu verwenden müsse, uns in die Heimat zurückzuführen. – Wir hatten demnach nur noch das bisher Getane rückwärts abzuwinden."

Eschscholtz, der Schiffsarzt, untersuchte den Kapitän. Sein Gutachten lautete, *Kotzebue* könne sich wegen der Brustkrämpfe und des Blutspeiens nicht länger der polaren Temperatur aussetzen. Chamisso hoffte unterdessen, „Herr *von Kotzebue* werde, den Anfall der Krankheit bemeisternd, sich besinnen und den gegebenen Befehl zurückrufen. Darin hätte er Charakterstärke bewiesen, und ich hätte mich in Demut vor ihm geneigt!" Offiziere und Mannschaft harrten während des ganzen 13. Juli auf eine solche Nachricht. Als auch am 14. Juli nicht einmal der Hauch eines positiven Gerüchtes aus der Kapitänskajüte drang, da wußten die Männer: was sie sich alle „frischen Sinnes und voller Tatenlust" versprochen hatten, die nordwestliche Durchfahrt durch das polare Insellabyrinth zu entdecken, dieses grandiose Projekt war gestorben.

Chamisso konnte nicht ahnen, daß an eben diesem Tag auch ein anderer Griff in die Unsterblichkeit endete. *Germaine de Staël* starb nach einem Schlaganfall am 14. Juli 1817 in Paris. Aus Coppet hatte er im September 1811 an *Hitzig* über sein Verhältnis zu ihr geschrieben: „Bei aller Freundschaft erkenne ich ruhig, mit dem Herzen wie mit dem Verstand, daß wir uns bloß über eine Grenze die Hand reichen können." Jetzt hatte der Tod die Grenze aller Grenzen gezogen. Ohne daß es Chamisso auf der „Rurik" wußte, trug er das Stück geistigen Erbteils, das ihm im Umgang mit *Madame de Staël* zugefallen war, ungeschmälert mit sich. Er könnte sich gerade in diesen Tagen daran erinnert haben, daß ihn die lebenskluge Frau den Gesichtspunkt im menschlichen Verkehr gewinnen ließ, von dem aus „die hohen Berge niedriger erscheinen".

Kapitän *Kotzebue* hatte wie ein Bergriese zwischen Hügeln stehen wollen, alle überragend, jeden in seinen Schatten zwingend. Seine Erkrankung hätte ihn zum Helden des Durchhaltens erhöhen können. Er wählte den Rückzug, statt das Kommando dem ranghöchsten Offizier zu übertragen, wie in einer solchen

Situation sonst zur See gehandelt zu werden pflegt. Chamisso sah den Herrn des Schiffes aufs menschliche Mittelmaß reduziert. Wie in Hameln zeigte er offen seine Entrüstung. Doch damals in der Festung konnte er als Leutnant militärisch reden, jetzt auf der „Rurik" war er als Zivilist an Bord eines Kriegsschiffes zum Schweigen verurteilt.

Der kranke *Kotzebue* kommandierte weiter: zurück nach Unalaschka, zurück durch den Pazifik zu den Sandwichinseln, noch einmal nach Radak, nach Manila, durch die Sundastraße, um das Kap der Guten Hoffnung Richtung Europa. In Kapstadt empfing Chamisso einen berlinischen Vorausgruß: „Da ruderte aus dem Wald von Masten ein kleines Boot auf die ‚Rurik' zu, und *Leopold Mundt,* ein befreundeter Botaniker aus Berlin, stieg an Bord und fiel mir um den Hals." Mit ihm zog Chamisso zu Exkursionen aus. „Ich habe mit *Mundt* auf dem Tafelberg manche Pflanzen gefunden, die ihm bis dahin entgangen waren, und habe, flüchtiger Reisender, aus diesem betretendsten der botanischen Gärten manche Pflanzenart mitgebracht, die noch unbeschrieben war."

Kotzebue war in dem milden Klima wieder zum herrischen Kommandanten gesundet und demütigte Chamisso mit zornigen Verweisen wegen des Pflanzenlagerns. Erst gegen Ende der Reise, offenbar in Versöhnungssentimentalität, wie sie nahe Abschiede erzeugen können, bot er seinem Gast die Hand mit der halbherzigen Entschuldigung, er habe sich in ihm geirrt. Der gutmütige Chamisso nahm freundlich an. „Alles, was ich zu erdulden gehabt, war vergessen und aller Groll ins Meer versenkt."

„Am 24. April 1818 hatten wir Ansicht von St. Helena. Unser Kapitän hegte den Wunsch, an dem Felsen des gefesselten Prometheus anzulegen." Doch das Schiff konnte nicht bis in den Hafen vordringen. Die Engländer wollten den Mythos ihres Gefangenen nicht durch Besucher nähren. *Bellerophon* als *Napoleon* mußte für die Außenwelt unsichtbar bleiben, während die Historiker schon begannen, seine weltgeschichtliche Figur darzustellen.

Am 6. Mai überquerte die Expedition zum letzten Mal den Äquator, und am 17. Juni ankerte sie im Hafen von Porthmouth. „Ich war auf heimatlich europäischem Boden," seufzte Chamisso auf. Doch: „Ich konnte erst im heimatlichen Berlin zur Ruhe gelangen", bei den Freunden, „durch die mir ein bestimmter Punkt der überall nährenden Erde zur Heimat geworden." Er begleitete die „Rurik" noch über Reval und Kronstadt nach Petersburg. Dort ging sie am 3. August 1818 an der Newa vor Anker. Das Rasseln der Ankerketten war der metallische Schlußakkord einer großen Expedition, die eine der größten in der Entdeckungsgeschichte hätte werden können, wenn *Kotzebue* nahe dem Ziel nicht aufgegeben hätte. Immerhin dauerte es fast noch neunzig Jahre, bis ein Schiff erstmals die Nordwestpassage durchfuhr. Der norwegische Polarforscher *Roald Amundsen* bezwang sie auf der „Gjöa" während seiner Polarexpedition zwischen 1903 und 1906.

Die kleine Welt, die auf der großen Fahrt unter der Rurik-Flagge zusammengehalten hatte, löste sich auf. Chamisso verließ mit seinen Pflanzen das Schiff. „Ich hatte in St. Petersburg nur das eine Geschäft, mich sobald als möglich von St. Petersburg frei zu machen. Ich kehrte mich von jeder Aussicht ab, die mir in Rußland eröffnet werden sollte, und wich hartnäckig jedem Antrag aus, mich durch irgendein Verhältnis binden zu lassen. Mich zog heimatlich ein anderes Land an. Mein Herz hing an Preußen, und ich wollte nach Berlin zurückkehren."

Am 27. September ließ er seine Kisten auf einen Stettiner Segler verladen, am 17. Oktober kam er in Swinemünde an. Er fand auf der Reede einen steinernen Sitz, ließ sich darauf nieder und schrieb zum Gruß ans Land seiner Sehnsucht die Verse:

Heimkehret fernher, aus den fremden Landen,
In seiner Seele tief bewegt der Wandrer;
Er legt von sich den Stab und kniet nieder
Und feuchtet deinen Schoß mit stillen Tränen,
O deutsche Heimat!

11 Fruchtbares Dezennium

Wer Chamissos Reisebericht gelesen hat, lernte den nun bald Vierzigjährigen als einen Menschen kennen, der nach festem Grundsatz sich selber treu blieb. Der Rückkehrer kündigte sich brieflich bei *Hitzig* an. „Ich, lieber Freund, bin, der ich war – in der Erscheinung, in der Wesenheit." Die bescheidene Selbstcharakterisierung verschweigt den Zuwachs, den seine Persönlichkeit gewonnen hatte. Drei Jahre lang war er im Feld der Forschung tätig gewesen. Nach humboldtscher Art hatte er sich weit übers Fachgebiet hinaus umgetan. Seine auf den Weitwinkel der Beobachtung eingestellten Augen, seine Begeisterung über die winzigen Wunder der Natur wie über ihre spektakulären Schauspiele, seine Intuitionskraft, sich in fremde Sprachen einzudenken, einzuleben, sein Verständnis für soziale Situationen und sein Erkennen möglicher Evolutionen, seine ethnologischen und geographischen Studien, und immer wieder das naturwissenschaftliche Engagement, das alles bezeugt eine konsequente Durchhaltekraft. Sie ließ ihn die leibliche und seelische Strapaze der Expedition ertragen, ließ ihn reifen, ohne ihn zu härten.

Der Dichter sank dem vielseitigen Mann ins Innere zurück. Er erwachte nur kurz, wenn ihn ein starkes Erlebnis ins Wort rief und er sich dann eruptiv äußerte. Die pralle Bilderwelt zwischen dem „gräßlichen Märchen unseres Winters" und „der Lust, sich zu erwärmen unter der scheitelrechten Sonne" der Tropen, dreimal zum Süden, dreimal zum Norden durchfahren, sie war keine Periode seiner Dichtung. Nur wenig Poetisches konnte im vorangegangenen Kapitel zitiert werden: ein paar Verse des Gedichtes „Aus der Beringstraße, im Sommer 1816", voller Sehnsucht nach der wonnigen Erde warmer Zonen; dann im April 1817 die Reaktion auf die Todesnähe während des Orkans, schließlich das übersprudelnde Glück in Swinemünde, Oktober 1818, als er wie ein heimgekehrter *Odysseus* den Boden der Heimat grüßte. Die Botanik streift allein das erstgenannte Gedicht. Doch Blumen und Palmen dienen hier nur als Kontrast zur starren Winteröde. Als Naturwissenschaftler erlaubte er sich dann noch ein paar Juxverse auf einen gefräßigen Raubkäfer, auf peruanisches Unkraut und phantasierte von Pension und Ehrenlohn für den armen Chamisso, offensichtlich um einen Reim loszuwerden:

Doch niemand, niemand denkt daran,
Schlemihlen hängt der Dalles an.

Im übrigen versagte sich der reisende Naturwissenschaftler poetische Zwischenspiele. Er hatte scharf zu beobachten, gründlich zu untersuchen, zielgerecht zu sammeln, exakt zu notieren, die Ergebnisse zu sichern. Diese Aufgabe erfüllte er unverdrossen. Nachfolgende Beschreibungen verfaßte er mit der gebotenen Sachlichkeit. Nur im Reich der Flora, seinem Lieblingsgebiet, steigerte sich bisweilen seine Darstellung zum Naturgemälde in der Intention *Humboldts.* Hier glückten ihm Passagen, in denen er den Meister erreichte. Als Beispiel folge eine Stelle aus dem Brasilienkapitel.

„Will man in die dunkle Wildnis des Waldes einzudringen versuchen, wird man von dem ausgehauenen Pfad, den man betreten hat, bald verlassen, und der Gipfel des nächsten Hügels ist unerreichbar. Fast alle erdenklichen Baumformen drängen sich im Walde in reicher Abwechslung. Ich will bloß die Akazien anführen, mit vielfach gefiederten Blättern, hohen Stämmen und fächerartig ausgebreiteten Ästen. Darunter wuchern am Boden über umgestürzten modernden Stämmen, weit über Mannshöhe, Gräser, Halbgräser, Farne und breitblättrige Helikonien; dazwischen Zwergpalmen und baumartige Farnkräuter. Vom

Boden erhebt sich zu den Wipfeln hinan und hängt von den Wipfeln wieder herab ein vielfach verschlungenes Netz von Schlingpflanzen. Viele Arten aus allen natürlichen Familien und Gruppen des Gewächsreiches nehmen in dieser Natur die bezeichnende Form der Lianen an. Hoch auf den Ästen wiegen sich luftige Gärten von Orchideen, Farn, Bromeliaceen (Ananasgewächse) und die Tillandsia (Greisenhaar) überhängt das Haupt alternder Bäume mit greisen Silberlocken. Breitblättrige Aroideen (aronstabartige Gewächse) wuchern am Abfluß der Bäche. Riesenhafte, säulenartige Kaktusse bilden abgesonderte, seltsame, starre Gruppen. Farnkräuter und Lichene (Flechten) bedecken dürre Sandstrecken. Über feuchten Gründen erheben luftige Palmen ihre Kronen, und gesellig übergrünt die ganzblättrige Mangle (Mangrove) die unzugänglichen Moräste, in welche die Buchten des Meeres sich verlieren."

Aus Swinemünde, „wo ich gleichsam zwischen meiner Vergangenheit und Zukunft anhalte", meldete er seinem Freund *Hitzig* die baldige Ankunft in Berlin. Die Balance zwischen den Zeiten symbolisiert, wie unschlüssig er noch war, „ob ich Wurzel fassen oder mich zu einer neuen selbständigen Fahrt rüsten soll". Nach den unliebsamen Erfahrungen mit *Kotzebue* schwebte ihm das Humboldtideal vor: eigene Expedition, wissenschaftlich vorbereitet, selbst geleitet, selbst ausgewertet, Plan und Verwirklichung im vollen Genuß der Unabhängigkeit. In seinem Wunschtraum übersah er, daß *Humboldt* ein reicher Erbe war und sich eine exklusive Entdeckungsreise hatte leisten können. Die materielle Sorge berührte ihn nicht, zumal sich der Traum in der Berliner Luft verflüchtigte. *Hitzig* berichtet: „Chamissos Geschick entschied sich für das Wurzelfassen." Wie sinnfällig für das Bodenständigwerden des Botanikers. Der Setzling Chamisso wurde in die Erde Berlins endgültig eingepflanzt und trieb kräftige Wurzeln. Sie hielten ihn für den zweiten Lebensabschnitt fest und sicher am Ort.

Eduard Hitzig bot dem Zugvogel Haus und Heim, keinen Käfig mit Gittertür, der den Weitgereisten mit dem Trauma der Enge belastet hätte, sondern ein offenes Nest zum täglichen

Fortfliegen und fröhlichen Wiederkehren in die familiäre Nestwärme. Chamisso merkte kaum, wie er sich vom Vaganten zum Seßhaften wandelte.

Wie früher saß er in seinem alten Winkel auf *Hitzigs* Kanapee. Behaglich qualmte er seine lange Pfeife. In ihrem Rauch schienen die Bilder seiner Reisegeschichten aufzusteigen. Sie malten sich in die Vorstellung der Hausgenossen und Nachbarn. Das warme Timbre seiner Stimme, seine Erzählfreude erzeugten vertraute Nähe, fast als ob er einer der Ihren sei und sie nie verlassen hätte, um ferne Exoten kennenzulernen. *Hitzig* kommentierte gutmütig die Stimmung: das höre sich an, als hätte er die sonderbaren Menschen gar nicht „an Ort und Stelle aufgesucht, sondern als ob er sie in einer Bude auf der Leipziger Messe gesehen hätte". Dennoch zeigte sich auch in diesem häuslichen Kreis: die faszinierende Wirklichkeit des Erzählten übertraf die Phantasie der Zuhörer, denn die Natur in ihrer verschwenderischen Vielfalt ist wunderbarer als das Erdachte und Erträumte.

Wissenschaftlich sachlich nützte Chamisso den Rest des Jahres 1818 für die beginnende Auswertung der eingebrachten Ernte. Etwa 2500 Pflanzen waren in ein Herbarium zu ordnen. Dem Botanischen Garten und den Berliner Museen übergab er die für sie bestimmten Sammlungen. Dem in Paris erscheinenden „Journal der Reisen – Entdeckungen und Seefahrten" übersandte er sein Manuskript „Erster Bericht über eine Expedition". Er konzentrierte auf wenige Seiten seine erste öffentliche Stellungnahme zum wissenschaftlichen Arbeitsprogramm der Expedition und umriß die geplante Auswertung der Beobachtungen und Ergebnisse. Nach den ethnologischen und linguistischen Hinweisen kommt er auf seine Hauptgebiete, die Botanik und die Zoologie. Kurz wird die Sammlertätigkeit charakterisiert und auf die gewonnenen pflanzengeographischen Erkenntnisse verwiesen.

Aufsehen erregt die zoologische Entdeckung: der Generationswechsel der Salpen, jener Meerestiere, deren Fortpflanzung alternierend geschlechtlich und ungeschlechtlich geschieht. Die geschlechtlich erzeugten sind Einzelsalpen, die anderen bilden zusammenhängende Kettensalpen. Auch die negative Seite des Forschungsunternehmens wird angesprochen: „Was die Zoologie sonst anbetrifft, haben es mißliche Umstände verhindert, eine gute Sammlung anzulegen." Die Forscher mußten ihre Wünsche beschneiden, „sodaß keine ansehnliche naturwissenschaftliche Kollektion zustandegekommen ist". Schließlich *Kotzebues* vorzeitiges Aufgeben indirekt erwähnend, das nüchterne Urteil: „Die Expedition hat das ihr gesteckte Ziel nicht erreicht."

Das „Journal des Voyages – Découvertes et Navigations Modernes" veröffentlichte Chamissos Erstbericht bereits im Dezember 1818. Die internationale Gelehrtenrepublik horchte auf. Der Ruf des Verfassers als Wissenschaftler war begründet.

Anfang 1819 schrieb Chamisso seinem Freund *de la Foye* nach Caën: „Meine Reise war nur ein Experiment, und ich habe jetzt wohl noch andere vor. Das Beste, was ich gewesen und werde sein: Student, bin ich noch und weiter nichts." Er meinte damit nicht den fleißigen Sitzer auf der Kollegienbank, sondern den lebenslang Lernenden im Sinne des von ihm verehrten *Goethe*, der Mensch sei Lehrling immerfort.

Dieser Lehrling Chamisso, vor wenigen Jahren noch der älteste Student der Berliner Universität, galt jetzt den Professoren als eine Forscherautorität von Rang. Am 20. März 1819 verlieh ihm die auf ihn stolze Alma mater die Würde eines Doctor honorarius der Philosophie. Wie bei *Hitzig* in die häusliche Heimat war Chamisso in seine geistige Heimat endgültig aufgenommen.

Drei Tage später wurde Deutschland durch die Privatrevolution eines Einzelgängers erschüttert. Am 23. März 1819 ermordete der Theologiestudent *Karl Ludwig Sand* in Mannheim den Schriftsteller *August von Kotzebue*, der in seiner Zeitung „Litterärisches Wochenblatt“ die radikalen Burschenschaften verspottet und angegriffen hatte. *Sand* wurde hingerichtet.

In Chamissos Leben tritt eine sonderbare Schicksalslinie hervor. Immer wieder geriet er indirekt an den Rand bewegender Ereignisse. Als Page der Königin *Friederike Louise*, der Gemahlin *Friedrich Wilhelms II.*, spürte er schon durch das Medium Hofleben die Vibration der Politik. Als Leutnant in Hameln stand er nahe am Wendepunkt eines militärischen Sieges zur Ehre Preußens. Als Beobachter im Gefolge der *Madame de Staël* zählte er zur Opposition gegen die Machtgier *Napoleons.* Auf der „Rurik“, unter *Otto von Kotzebue*, berührte er die noch gärenden Widerstände unterdrückter Klassen und Völker. Und jetzt empfing er die Nachricht, der Vater des Kapitäns sei ermordet. Chamisso erinnerte sich an das Jahr 1815. Dank der Vermittlung des damaligen Staatsrates *August von Kotzebue* hatte er die Einladung erhalten, an dessen Sohns Expedition teilzunehmen. Ein Brief *Hitzigs* an den ihm befreundeten Schriftsteller hatte die günstige Entscheidung bewirkt.

Hitzig hatte im ersten Halbjahr 1813 in seinem Verlag das „Russisch-Deutsche Volks-Blatt“ veröffentlicht. Herausgeber war *August von Kotzebue*, einer der schärfsten Schreiber gegen *Napoleon.* Als nach dem verlorenen Angriffskrieg gegen Rußland die französischen Okkupanten durch die einmarschierenden Russen aus Berlin vertrieben waren, übertrug der russische General *Wittgenstein* dem „Herrn Collegienrath *von Kotzebue*“ die Aufgabe, „ein ‚Russisch-Deutsches Volksblatt‘ während des Krieges herauszugeben, da ich überzeugt bin, daß in diesem Augenblick die Feder sowohl wie das Schwert den Feind mit Erfolg bekämpfen werden.“

In *Hitzigs* Bibliothek stand der Archivband jenes Propagandablattes aus dem Jahr 1813. Es waren nur die Nummern 1 bis 10 erschienen. Sicher blätterte Chamisso nach der Todesnachricht in dem Band, las auf den vergilbenden Seiten. Sie berichteten aus der Zeit, als er sich selber zwischen Schwert und

Feder entscheiden mußte. Als Herausgeber hatte sich *Kotzebue* in der ersten Ausgabe vom 1. April 1813 gegen die Nachrede verwahrt, als Ehrloser in fremdem Sold zu stehen. Noch im selben Monat schrieb er, es „soll unausbleiblich der Tod einen der Ehrlosen treffen“, die sich an einem redlichen Deutschen vergreifen. Sechs Jahre später vergriff sich an ihm selber ein selbsternannter Rächer. Der radikale Burschenschaftler *Sand* sah den konservativen *Kotzebue* als einen Ehrlosen.

Der Tod des politischen Publizisten bewirkte mehr als die Bühnenwerke des unterhaltsamen Stückeschreibers. *Metternich* berief sofort eine Ministerkonferenz nach Karlsbad und erließ die berüchtigten „Karlsbader Beschlüsse“: scharfe Zensur, strenge Überwachung und wilde Jagd auf sogenannte Demagogen. *Wilhelm von Humboldt* kritisierte diesen Rückfall in die Unfreiheit als „schändlich unnational, ein denkendes Volk aufregend“. Wer sich nicht aufregen wollte, zog sich zurück ins biedermeierliche Familienidyll oder in die unpolitische Unschuld der Natur.

Chamisso kommentierte diese Ereignisse nicht. Er war ein Mann des humanen Fortschritts, nicht der blutigen Racheakte. Behutsam warnte er davor, „Rückschraubungsversuche, die immer mißlich sind, in Dingen vorzunehmen, wo wir tatsächlich weiter vorgeschritten sind“. Aber er bestand auch darauf, „zu ermessen, was zu konservieren frommt und wie man überhaupt konserviert“. Als Pflanzensammler verstand er die Kunst, Naturschätze zu konservieren. Als Liberaler gebrauchte er das botanische Bild, um Erkenntnisse der Vergangenheit für den Fortschritt fruchten zu lassen. Der 1810 verstorbene Schriftsteller *Johann Gottfried Seume* hatte im Sinn Chamissos geschrieben: „Die Geschichte erwirbt der Jugend den Verstand der Alten.“

Die Umschwünge im Gemüt Chamissos waren den Freunden wohlbekannt. Als er im Jahr 1818 vom schwankenden Schiff ins feste Haus zurückgekehrt war, gezeichnet von den Reisestrapazen, hatte er sich zugeraunt: „Ich war auch jung und bin jetzt

Adelbert von Chamisso und seine Frau. Zeichnungen von *M. S. Lowe,* 1819.

alt.“ Erschöpft wollte er hinter der Botanik schon das Ende sehen, hinter den Blumen schon den Sarg.

> Sind dir die Blumen eben recht,
> Sind doch sechs Bretter auch nicht schlecht.

So zu lesen in dem Gedicht „Geh' du nur hin!“ Hier sagt er zum jüngeren Menschen: „Du steigst hinauf, ich steig' hinab.“ Doch wieder folgte dem Absinken in die Resignation die Urständ zu Lebenslust und Schaffenskraft. Seine Alma mater hatte mit der Ehrenpromotion sanft den Knoten geschürzt, den dann zarte Hände zusammenzogen, damit ein festes Band den Heimgekehrten an ein glücklicheres Leben binde.

Chamissos fröstelnden Versen vor Jahresende folgte im Januar 1819 übermütige Prosa. Sie findet sich im Brief an *de la Foye*. Der Freund aus dem einstigen Nordsternbund hatte geheiratet. Chamisso schrieb ihm, er solle diesen Schicksalsschritt nicht für originell halten, denn das Heiraten „steckt jetzt in der Luft, es ist endemisch“. Er fühlte sich schon infiziert: „So wandeln aufblühende Jungfrauen umher, auf die aus meinen buschigen Locken mein Blick fällt.“ Oder wäre das ein neues Experiment? „Alt bei einem jungen Weibe werden?“ Er lugt nach einem Ausweg. „Ich könnte auch wohl an einen zweiten Ausflug denken.“ Als ob er schon über die Reisesüchtigen unserer Tage spotte: „Um die Welt herumzurutschen, ist heutzutage nichts.“ Doch innerlich hat er schon kapituliert: „So sehe ich kommen, daß ich im Frühjahr noch das Heiraten wie im Herbst den Schnupfen bekomme, ich mag mich noch so sehr mit dem Ausgehen inachtnehmen, es hilft nichts.“

Verschmitzt verschwieg er noch dem Freund, daß Amor ihn nicht unterwegs mit dem Liebespfeil getroffen, sondern im Hause *Hitzig* seinem Herzen das Liebeselixier injiziert hatte. Im folgenden Brief nannte er das Zauberwort: „*Antonie Piaste* ist ihr Name.“ Seine zierlichen Buchstaben malten ihr Medaillon: „Mein holder Engel, der Jugend, Gesundheit, Klarheit, Licht und Wärme zugleich ist und zugleich wie die Jungfrau und das Kind aussieht."

Der andere Freund aus dem Nordsternbund, *Varnhagen von Ense,* notierte später in seinem Tagebuch, *Eduard Hitzig* habe sich Chamissos „Unbeholfenheit zunutze gemacht, um ihn ganz zu unterjochen". Hier sprach blinde Eifersucht. Chamisso selber rühmte *de la Foye* gegenüber: „*Hitzig* ist der alte kräftige, herrliche Kerl, mir Mutter und Vater, Leitstern und Leithammel, der mir bis jetzt allein das Leben zum Leben gemacht." In seinem Haus war *Antonie Piaste* mit *Hitzigs* Töchtern aufgewachsen. Vor der Rurik-Reise hatte Chamisso das Kind auf den Knien gewiegt, hatte ihm Märchen und Fabeln erzählt und pantomimisch vorgespielt – jetzt entdeckten beide einander für ein ganzes Leben. Das Mädchen war zur jungen Frau gereift, der Mann zum schöpferischen Menschen. Bald dichtete er:

Der Frühling ist kommen, die Erde erwacht,
Es blühen der Blumen genung.
Ich habe schon wieder auf Lieder gedacht,
Ich fühle so frisch mich, so jung.

Am 25. September 1819 führte Vater *Ede* als Brautvater seinem Freund die Braut zu. Im Nachklang des Hochzeitstages widmete der Dichter seiner jungen Frau das Sonett „Für Madame Adelbert", ein Geständnis der Liebe und das Eingeständnis, daß die Sprache ein volles Herz nicht ausschöpfen könne.

Die einz'ge Antwort ist das volle Leben.
Fürwahr, die Worte wissen's nicht zu sagen.

Das Jahr 1819 war der Zenith in Chamissos Leben. Die Universität ehrte den Erdumsegler als großen Wissenschaftler. Eine Frau schenkte ihm das häusliche Reich des Glücks. Sein Ruf, sein Ruhm verbreiteten sich weithin. Die schon 1652 gegründete Leopoldinisch-Carolinische Akademie der Naturforscher wählte ihn zum Mitglied, und Staatskanzler *Hardenberg* unterzeichnete das Dekret, das Herrn Dr. von Chamisso zum Kustos am Botanischen Garten Berlins berief. Ehre, Liebe und Amt gaben ihm endlich den festen Boden, den sicheren Halt. Chamissos Schicksal hielt ihm noch neunzehn Jahre bereit, die ergiebigen Jahre des Schaffens und Erntens.

Hitzig glossierte erheitert den gewonnenen Status seines Freundes. „Schlemihl entbehrt nicht mehr des Schattens – hat ihn dreifach jetzt." Zuerst den Schatten des mächtigen Preußenadlers, der Haus und Herd, Ruh' und Sold beschützt, sodann den Schatten hoher Bäume jenes Gartens, zu dessen „Hüter er gewählt, ein Blumenfürst"; und „den dritten Schatten endlich und den schönsten, der ihm gelobt, nicht mehr von ihm zu weichen". Chamisso dankte launig als einer, „den Schlemihl genannt sie hatten, reich in seiner Schatten Zier". Es schien, als könne kein böser Schatten auf die drei guten Schatten fallen.

Der Seßhaftgewordene erhielt sogleich nach seiner Heirat, wie zum Zeichen der endgültigen Einpflanzung, ein hübsches Haus neben dem Botanischen Garten. Die behördliche Bezeichnung lautete „Amtswohnung", die familiäre des glücklichen Paares: „Götterburg". Der bald Vierzigjährige besaß zum ersten Mal eine eigene Wohnung. Von der engen Koje auf der „Rurik" in die geräumigen Stuben seines Hauswesens – wie dankbar genoß Chamisso diese Wohltat. Er wußte, jetzt hatte er seine persönliche Geschichte eingeholt, „so sehr verzögert sie selber oft war". Dem Freund in Caën schrieb er: „Nun bleibt es mir, mich in meinem wohleingerichteten Haus an meinem Arbeitstisch wieder ansässig zu machen und durch Wirksamkeit und Beschäftigung des Gefühles Herr zu werden."

Noch im Jahr 1819 erschien in dem Berliner Verlag *Dümmler* als Einzelpublikation Chamissos Schrift „Über die Gattung Salpa oder über den Generationswechsel". Was er der wissenschaftlichen Welt schon im Vorjahr als Entdeckung angekündigt hatte, beschrieb und begründete er nun im einzelnen und veranschaulichte seinen Bericht durch eigene kolorierte Zeichnungen.

Wer hier zum ersten Mal eine wissenschaftliche Abhandlung Chamissos liest, ist verblüfft. Keine lyrische Handschrift mehr, kein Plauderton wie in den Briefen. Hier schreibt ein uns noch unbekannter Chamisso: streng sachlich, kühl rational, präzise in den Einzelheiten, logisch im Aufbau, klar in der Diktion, dynamisch in der Mitteilungslust des Forschers. Das letzte Charakteristikum verbindet uns wieder mit dem uns vertrauten Chamisso, wie er in der Freude des Mitteilens die Mitmenschen in seine Welt zieht.

Seine Nachricht über die Salpen, eine der wunderlichsten Metamorphosen im Tierreich, erschien so seltsam, daß einige Stubengelehrte aufbegehrten. Da ihnen das Phänomen des Generationswechsels völlig neu und unbegreifbar war und deshalb unglaubhaft, attackierten sie den „wissenschaftlichen Märchendichter". Wer den Peter Schlemihl unter die Leute phantasiert habe, führe jetzt ein Märchentier aus dem Meer vor. Chamisso nahm den Unverstand der Besserwisser gelassen hin. Ihm genügte die Anerkennung der Berliner Universität.

Das Dezennium von 1820 bis 1830 war die allseitig fruchtbare Zeit im Leben Chamissos. Während dieser Jahre entstanden die meisten seiner Dichtungen, veröffentlichte er die meisten wissenschaftlichen Werke, widmete er sich am intensivsten seinen Pflanzen innerhalb und außerhalb des Botanischen Gartens und wurde Vater von drei Söhnen und zwei Töchtern.

Als die „Rurik" im Herbst 1818 vor Porthmouth geankert hatte, war Chamisso für ein paar Tage nach London gefahren. Dort lernte er den Begründer der Paläontologie, *Georges de Cuvier,* kennen und wurde dem Nestor der Forschungsreisenden, *Sir Joseph Banks,* vorgestellt, wie fast dreißig Jahre zuvor der junge *Alexander von Humboldt* dem damals schon weltberühmten Mann vorgestellt worden war. Er kam auch mit *Sir Robert Brown* zusammen, dem führenden Botaniker Englands. Die drei Autoritäten der europäischen Naturwissenschaft hatten seinerzeit dem zurückgekehrten Chamisso dringlich geraten, die

Fachgelehrten alsbald durch Publikationen über seine Entdekkungen und Erkenntnisse zu unterrichten. Den Rat der Koryphäen nahm der Jünger der Wissenschaft als Gebot. Chamisso befolgte es bis in das Jahr seines Todes.

Die wissenschaftlichen Schriften Chamissos zählen etwa doppelt so viele Buchseiten wie seine Dichtungen. Das bedeutet indessen kein Mehr- oder Mindergewicht im Wertvergleich seiner beiden Schaffensgebiete. Quantitativ läßt sich nicht gegen qualitativ aufrechnen. Dichtung, also künstlerisch verdichtete Aussage, braucht weniger Schreibraum als wissenschaftliche Prosa. Es bleibt nur das Erstaunen über das weithin unbekannte Faktum, daß bis jetzt etwa 2500 Seiten gedruckter Fachpublikationen vorliegen und noch nachgelassene Schriften in den Archiven vermutet werden.

Chamisso forschte stets nach der Maxime: „Wir müssen die Natur fragen." Wie er als Dichter seine Fragen an das Schicksal richtete, so stellte er sie als Forscher an die Geheimnisse der Schöpfung. *Georg Forster* hatte den jungen *Alexander von Humboldt* gelehrt, und *Humboldt* den jungen Adelbert von Chamisso, als Empiriker mit allen Sinnen die Natur als ein Ganzes zu ergreifen, als die Einheit in wohlgeordneter Vielheit. Derart geistig gerüstet, engagierte sich Chamisso in der dreijährigen Suche nach neuen Erkenntnissen. Hinterher konnte er sich sagen: „Was in mir reift, hat auf der Reise in mir geblüht." Die Früchte durfte er jetzt der Feder anvertrauen.

Jahr um Jahr stellte er sich dem Forum der Wissenschaft in Publikationen oder Vorträgen. 1820 veröffentlichte er den botanischen Beitrag „Die Pflanzen der Romanzoffschen Forschungsexpedition" und den Aufsatz über die Koralleninseln im Großen Ozean. Es folgten:

1821 seine „Bemerkungen und Ansichten", die dem Expeditionsbericht *Otto von Kotzebues* angegliedert wurden. Im Vorwort betonte Chamisso vorsorglich, er sei für die Redaktion und für die Ansichten allein verantwortlich.

1822 die Untersuchung „Über das Torfmoor zu Linum“ in der Zeitschrift „Archiv für Bergbau und Hüttenwesen“ und im „Edinburgh Philosophical Journal“ die englische Fassung des Korallenaufsatzes. 1823 Exkursion nach Greifswald, Bericht darüber; 1824: „Untersuchung eines Torfmoores bei Greifswald und ein Blick auf die Insel Rügen“; 1825 „Über die Torfmoore bei Colberg, Gnageland und Swinemünde“. Ab 1826 erschienen in der „Linnaea“, dem Journal für die Botanik, Jahr für Jahr bis 1835 Chamissos Beiträge über seine botanischen Forschungsergebnisse während der Erdumsegelung.

1827 brachte der Berliner *Dümmler*-Verlag ein Werk Chamissos heraus, das für die allgemeine Leserschaft bestimmt war und das er im Auftrag des Preußischen Kultusministeriums verfaßt hatte: „Übersicht über die nutzbarsten und schädlichsten Gewächse, die wild oder angebaut in Norddeutschland vorkommen“. Für die Schulen hatte er schon vorher dreißig Herbarien zusammengestellt, jede mit 300 Pflanzenarten, damit die Lehrer den Schülern neben den Illustrationen auch die Anschauung aus der Natur bieten konnten. Chamisso widmete das Buch der allgemeinen Leserschaft. Es sollte die Beschäftigung mit der Pflanzenwelt anregen, denn „die Natur bietet aller Orten nutzbare Erzeugnisse dem Menschen dar, deren er aus Unkunde verlustig wird“.

Im Jahr 1828 hatte der Naturwissenschaftler Chamisso seinen glanzvollsten Auftritt. *Alexander von Humboldt* berief den Kongreß Deutscher Naturforscher und Ärzte nach Berlin. Als sein Präsident eröffnete er am 18. September die Festversammlung. Er sprach als Deutscher und als der aus Paris heimgekehrte Repräsentant der europäischen Gelehrtenrepublik. „Mögen die trefflichen Männer“, rief er den Gästen Berlins zu, „welche durch keine Beschwerden von Land- und Seereisen abgehalten wurden, aus Schweden, Norwegen, Dänemark, Holland, England und Polen unserem Vereine zuzueilen, anderen Fremden für kommende Jahre die Bahn bezeichnen, damit wechselweise jeder Teil des deutschen Vaterlandes den belebenden Einfluß wissenschaftlicher Mitteilung aus den verschiedensten Ländern von Europa genieße.“

Als bevorzugten Redner hatte er für den Eröffnungstag Chamisso erwählt, der wie kein anderer die geistige Beziehung zwischen Deutschland und Frankreich verkörperte. Im ungewohnten Frack, auf dessen Kragen seine langen Locken fielen, stand Chamisso groß und schlank hinter dem Rednerpult. Bedächtig intonierte er sein Thema „Über Lichtentwicklung bei einigen Pflanzen". Ein informativer Vortrag gewiß, aber der Mann, der da oben sprach, Erdumsegler, Dichter, Forscher in einer Person, faszinierte das Auditorium stärker als die wissenschaftliche Mitteilung. In der Pause trat der Kronprinz auf ihn zu, der spätere König *Friedrich Wilhelm IV.*, und fragte ihn humorvoll nach den Siebenmeilenstiefeln. Jetzt war Chamisso wieder der Schlemihl, und er antwortete unbefangen, er habe seine Stiefel an den Nagel gehängt. Wer in Berlin eingewurzelt sei, könne auf Siebenmeilenspäße verzichten. Am 25. September hielt er vor dem Kongreß einen zweiten Vortrag: „Über polarische Erd- und Quellentemperatur sowie über Grund-Eismassen".

1829 erschien im 14. Band der Leopoldinisch-Carolinischen Akademie der Naturforscher Chamissos Beitrag über „Neue Arten Landschnecken von den Sandwich-Inseln", und 1830 gab er auf der neunten Versammlung der Deutschen Naturforscher und Ärzte in Hamburg eine „Darstellung der Ehrenbergschen Untersuchungen über Leben und Organisation der Infusorienwelt". Gegen Ende dieses arbeitsreichen Jahrzehntes erschien dann ein besonderes Opus der Chamissofamilie: *Adolph*, das fünfte Kind wurde geboren.

Zurückschauend auf das bald endende Dezennium schrieb Chamisso 1830 an den Freund *de la Foye*: „Ich habe immer einen Fuß in der Botanik und einen in der Literatur." Wie seine wissenschaftlichen Publikationen und Vorträge von der Fachwelt immer mehr beachtet wurden, so wuchs seine Popularität als Dichter. Der Publikumsliebling Schlemihl brachte im Anhang seiner zweiten Auflage eine Auswahl von Gedichten unters Volk. „Ich glaube fast, ich sei ein Dichter Deutschlands", sinnierte Chamisso beglückt. Er war es im Vollsinn des Wortes, wenn auch nicht voll im Sinne der Romantik. Die Ratio des gebürtigen Franzosen und die Sachlichkeit des Naturforschers ließen den Dichter trotz romantischer Neigung und naturhafter Fabulierlust immer einen Realist bleiben. Kunstvoll verband er zarten Zauber mit nüchterner Beobachtung, überließ sich dann wieder elegischen Tönen, wenn er aus eigenem Gefühlsleben ein Idealbild verklärte wie in dem Liederzyklus „Frauen-Liebe und -Leben". Hier traf er ganz den Geschmack der Zeitgenossen, unter ihnen des Komponisten *Robert Schumann*. In seiner Vertonung absolvierte der Zyklus eine Jahrhundertreise durch die deutschen Konzertsäle. Zuvor hatte *Schumann* schon zwei andere Gedichte Chamissos vertont: „Die Kartenlegerin", ein musikalisch-dichterischer Spott auf den Aberglauben, und „Der Soldat", die Klage um einen geopferten Menschen, dem Dänen *Andersen* nachgestaltet. Wie hätten die kongenialen Kompositionen *Schumanns* den Dichter erfreut! Doch die Musik fand erst 1840 zu Chamissos Versen, zwei Jahre nach seinem Tod.

Früher standen Chamisso-Gedichte in den Schullesebüchern: „Das Schloß Boncourt" (1827), „Die Sonne bringt es an den Tag" (1827), „Das Riesenspielzeug" (1831) und vor allem „Die alte Waschfrau" (1833), ein sozialer Einbruch in die Lyrik, die bislang solchen Themen ausgewichen war. Nur die Älteren wissen heute noch das eine oder andere Gedicht zu nennen, meist nur die „Die alte Waschfrau", mitunter „Das Riesenspielzeug", wenn eine Wanderung durchs Elsaß an den Ruinen der Burg Niedeck in den Vogesen vorüberführte und an das Riesenfräulein erinnerte, das Chamisso vorzeiten dort oben leben ließ. Die Terzinen der Robinsonade „Salas y Gomez", seinerzeit ein literarischer Erfolg, sind wie die anderen Balladen nur noch Kennern bekannt. Selbst der „Schlemihl" stiefelt kaum noch durch die Leserphantasie. Solches ergab sich dem Fragenden aus vielen Gesprächen. „Chamisso? – Ja, ein Dichter!" Klangvoll rühmend wird der Name ausgesprochen, als ob damit die ganze Poesie seines Trägers genannt sei, auch wenn einzelnes nicht zu nennen ist. Ein Wort wie ein Wetterleuchten, das eine Chamisso-Renaissance ankündigen könnte.

12 Nichts dem Leben schuldig

„Soll man gratulieren? Ich denke, ja!“ In Paris war 1830 die Juli-Revolution ausgebrochen. Das liberale Bürgertum hob mit *Lous Philippe* einen „Bürgerkönig“ auf den Thron. Das Ereignis war ein Freiheitsfanal für Europa. Der begeisterte Chamisso sandte in dem oben zitierten Brief vom 18. August 1830 seinen Glückwunsch an *de la Foye*. Doch sogleich schrieb er: „Aber sachte im Schritt.“ Aus politischer Sicht und propethischer Voraussicht wußte er, daß den Unruhen der Revolution die Ruhe der Evolution folgen muß, sonst wäre die Festigung der errungenen Freiheiten gefährdet.

Sein eigenes Leben war ein Weg in die Lebensordnung der Seßhaften, zur staatstragenden Schicht des aufgeklärten Bürgertums bis hin zu der Überzeugung, daß künftig „eine reine Demokratie“ das politische Handeln bestimmen müsse und werde.

Dem Ausbruch der Revolution von 1830 folgte der Einbruch der Cholera von 1831. Die tötliche Seuche überfiel Berlin, fast jedes Haus der Stadt, fast jede Familie. Tausende starben, unter ihnen der Philosoph *Hegel* und der preußische Heerführer *Gneisenau*. Im Brief vom 4. August an *de la Foye* hatte Chamisso die Katastrophe schon angekündigt, „die Seuche, die wir erwarten. Ganz Preußen ist infiziert.“ In den letzten Augusttagen erreichte sie Berlin.

Ein Todesengel war der Cholera vorausgeeilt: die asiatische Grippe. Sie überfiel Chamisso und warf ihn nieder. Der Erdumsegler, der große kraftvolle Mann, den im kalten Norden wie im heißen Süden kein Fieber, kein Gift, kein Geschwür angegriffen hatten – ein, wie es schien, unverwundbarer Heros, ihn fand im eigenen Haus ein böser Bazillus. Gierig fraß er sich ein, Chamissos kerngesunde Physis auf Dauer verändernd, langsam, tükkisch, bis zum vorzeitigen Lebensende.

Chamisso gewann den ersten Kampf mit dem Todesengel. Zuerst war er entsetzt über sich selber: „Entkräftet lag ich mit erschlafften Sehnen." Er blickte auf seine abgemagerte Hand, die bislang fest und gern die Feder zu Briefen und Gedichten geführt hatte. Jetzt war sie „bleich gerippenhaft. Da überfiel mich vor mir selbst ein Schrecken." Der seelische Stoß weckte den alten mannhaften Mut. Chamisso schwor sich: „Der Tod, der Unhold, rafft die reife Frucht nicht." Er überwand die lähmende Krankheit, kehrte zu seiner botanischen Tätigkeit zurück und dichtete wieder. Er dichtete sich geradezu gesund. So entstand 1831 der bittersüße Zyklus „Lebens-Lieder und Bilder". Darin gesteht er sich erleichtert:

Und mir ist wohl, ich habe nicht zu klagen.
Ich bin in der Erinnerung so reich!

Aus der Harmonie des Sich-Bescheidens keimte neues Glücksgefühl. Es äußerte sich fast übermütig in „Hans im Glück", einem Gedicht nach dem Märchen der *Brüder Grimm*, deren schlichte Prosa Chamisso in heitere Verse verwandelte. Wie im Gedicht vom „Glücksvogel" (1810), der den beschwingten Vaganten, „frei von aller Pein und Weh", hinaus in die Ferne lockte, so zog jetzt der fröhliche Wanderer, „leicht zu Fuß", durch die heimatlichen Gefilde, ungehemmt von belastendem Besitz. Weg damit!

Muß ein Sonntagskind wohl sein
Und auf Glückeshaut geboren.

Hier spielte Chamisso offensichtlich auf seinen ihm selbst unbekannten Geburtstag an. Nur der Tauftag, 31. Januar 1781, war registriert. So blieb ihm die Phantasie der Wahl, an einem Werktag oder Sonntag geboren zu sein. Warum also nicht Sonntagskind? Überwog doch in seinem Leben das Glück an Liebe, Freundschaft, Dichten, Forschen und Reisen!

Wir können nur vermuten, wo der Schwerpunkt des Chamisso-Glückes lag. Wahrscheinlich tief in seinem mitteilsamen Wesen, das sich am reinsten in seinem Dichten offenbarte. Noch 1831 erschien die erste Gesamtausgabe seiner Lyrik. Wie glücklich er darüber war, erhellt der Brief an *de la Foye* vom 2. Juni 1832: „Das Volk singt meine Lieder, man singt sie in den Salons, die Komponisten reißen sich danach, die Jungen deklamieren sie in den Schulen." Kritiker und Journalisten waren ihm wohlgesonnen. Ihnen allen galt er als bedeutender deutscher Dichter – er, der sich so lange dagegen verwahrt hatte, ein Dichter zu sein. „Wer hätte das alles in unseren grünen Jahren gedacht!"

Jetzt hatten die grauen, stilleren Jahre begonnen, symbolisiert durch Chamissos nun silbergraue Locken. Die Sorgen um die wachsende Familie, die wissenschaftlichen Arbeiten, die Dienststunden im Botanischen Garten und vor allem ein nach der Grippe verbleibender Brustschmerz belasteten ihn. Doch das alles überspielte er äußerlich mit dem Spruch „Was man sich in der Jugend wünscht, hat man im Alter die Fülle." 1832 übernahm er mit *Gustav Schwab* die Redaktion des „Deutschen Musenalmanachs", und *Hermann*, der vierte Sohn, wurde geboren. 1833 sah er sich zum Ersten Kustos am Königlichen Herbarium des Botanischen Gartens und Museums in Schöneberg befördert. Das benachbarte Gartenhaus, in dem er gewohnt hatte, war dem gerade Seßhaftgewordenen schon 1822 abgebrannt. Die Familie zog nach Berlin, in die Lindenstraße, später in die Friedrichstraße. Tag für Tag, Sommer wie Winter wanderte Chamisso unverdrossen den weiten Weg nach Schöneberg. In diesem Jahr 1833 entstanden die ersten Nachdichtungen der Lieder des Franzosen *Béranger*.

1834 erschien die zweite Auflage seiner gesammelten Gedichte, 1835 das siebente und letzte Kind, der Sohn *Adelbert*. Am 7. Mai wählte die Berliner Akademie der Wissenschaften, angeregt von *Alexander von Humboldt*, den Naturwissenschaftler Chamisso zum Mitglied, „ungeachtet meiner Dichterei, die nicht da gilt". Jetzt gehörte er auch institutionell der geistigen Elite an.

Noch im Jahr 1835 veröffentlichte er sein größtes Prosawerk. Er nannte es, wie sein berühmter Vorgänger *Georg Forster* die Schilderung der damaligen Erdumsegelung genannt hatte: „Reise um die Welt". Beide Bücher sind klassische Werke der Reiseliteratur, objektiv im Bericht, persönlich im Stil ihrer Sprache, faszinierend durch den Weitwinkel ihrer Beobachtungskunst, die Historisches und Gegenwärtiges zur naturhaften Gesamtschau vereint. Chamissos Erkenntniskraft und Erlebnisfähigkeit ließen ihn kritisch werten und bewundernd in Worten malen. Nur ein Naturwissenschaftler mit dem Charisma des Dichters kann ein solches Meisterwerk schreiben. Wer Chamissos postume Bekanntschaft sucht, muß sich mit ihm auf die Reise um die Welt begeben, oder in seinen Worten ausgedrückt, muß sich „mit mir hinträumen, wo eben uns die Reise hinführte". Dann wird er hinterher den Dichter um so inniger verstehen.

Wie schon vermeldet, hatte Chamisso bereits 1819 über seine Forschungen während der Rurik-Expedition berichtet, sachlich unter dem Titel „Bemerkungen und Ansichten". Kapitän *Kotzebue* veröffentlichte den Text im dritten Band seines eigenen Reiseberichtes. Chamissos altes Unbehagen *Kotzebue* gegenüber, oft unterdrückt, kam wieder hoch, als er feststellte: „Was ich geschrieben, war von unzähligen, sinnzerstörenden Druckfehlern an vielen Stellen verfälscht und unverständlich. Dieselben in einem Errata anzuzeigen, wurde mir abgeschlagen." Eine fremde und falsche Abhandlung wurde ihm unterschoben. Schließlich warf die Ermordung von *Kotzebues* Vater „über das Buch ihren düsteren Schatten und ließ nur den Namen, den es an der Stirne trug, im Lichte der Parteien schimmern".

Nun nach sechzehn Jahren – „Der Sinn ist mir noch frisch, das Herz noch warm geblieben“ – unternahm es Chamisso, „von mir unumwunden zu reden und ein Hauptstück meiner Lebensgeschichte vorzutragen“. Was er seinerzeit im „Schlemihl“ vorausgeschrieben hatte, erfüllte sich in großen Zügen auf seiner Reise. Doch in der Idealkonkurrenz um die Popularität zwischen dem erfundenen Schlemihl und der realen Reise blieb Schlemihl der Sieger.

Am Schluß der Erzählung aus dem Jahr 1813 hatte Chamisso den Schlemihl über dessen Lebensende sprechen lassen: „Wenn ich von der Erde verschwunden bin“, sagte der Weltenwanderer, könne ihren Bewohnern die wundersame Geschichte vielleicht „zur nützlichen Lehre gereichen“. Jetzt, im Jahr 1835, wurde jene seelische Situation Schlemihls die eigene Chamissos, nämlich das letzte Stück Lebensgeschichte als Beispiel vorzuleben.

„Mit mir scheint es auf die Neige zu gehen“, schrieb er in eben diesem Jahr an *de la Foye*. Sein vom ständigen Pfeifenrauchen und von der Grippe angegriffener Körper war infiziert, „anscheinlich ein Geschwür in der Lunge in der Gegend der rechten Achsel, aus der ich täglich etliche Tassen Eiter ausleeren muß. Ich magere ab, und die Kraft schwindet.“ Das Übel erkennend, „das mich untergräbt“, das einen anderen schon ins Grab gezogen hätte, wies Chamisso dennoch den nahen Todesengel wiederum zurück. „Ich bin indes sehr ruhig und heiter.“ Auf den Rat seines Arztes unternahm er eine zweitägige Fußwanderung zur Schneekoppe. Die Bergluft erfrischte, und das Botanisieren beglückt ihn. *Ernst*, der älteste Sohn, begleitete den Vater. Von ihm ließ sich der Fünfzehnjährige begeistert im Pflanzensammeln unterweisen, was – so Chamisso – „meine eigene Freude erhöht hat“.

1836 kurte er in dem schlesischen Bad Charlottenbrunn. Belebender wirkte der literarische Erfolg. „An der Spitze derer, welche sich gedrungen fühlten, ihrer Anerkennung Worte zu geben“, notierte Freund *Hitzig*, stand der preußische Kronprinz, nachmals König *Friedrich Wilhelm IV.* Er schrieb am 16. Mai 1836 an den Dichter, ihn freundschaftlich anredend: „Mein lieber Herr von Chamisso!“ In dem langen Brief ist zu lesen: „Es ist mir ungemein viel wert, Ihre Werke aus Ihrer Hand zu besitzen. Übrigens hatte ich nicht so lange gewartet, um sie mir anzueignen. Ich war schon ziemlich avanciert in ihrer Reisebeschreibung und hatte ein gut Teil Ihrer Gedichte, die einmal wirklich Gedichte und nicht Versereien sind, gelesen, ehe Sie sie mir gesendet. Die gute Laune, die bei so vielem Ernste durch Ihre Reise weht, hatte mich veranlaßt, das Werk dem Könige für die Abendlektüre zu empfehlen, und es hat allerhöchsten Orts sehr behagt.“

Und: „Gar zu gern möchte ich Ihnen meinen Dank mündlich wiederholen. Ich habe Sie so lange nicht gesehen und gesprochen. Nun sagt mir *A. v. Humboldt*, Sie seien den ganzen Winter leidend gewesen. Das, fürchte ich nun sehr, verdirbt mir die Hoffnung, Sie einmal zu Tisch bei mir zu sehen. Können Sie es wagen, so bitte ich Sie, mich's wissen zu lassen.“

Schließlich: „Wo haben Sie das Goethesche Deutsch her? Manche Franzosen haben wohl ein Herz für Deutschland und seine Sprache gewonnen, aber nie hat irgendeiner es dem Besten gleich und darüber hinaus getan in der Sprache.“

Alexander von Humboldt schrieb kurz danach: „Wie könnte ich Ihnen, hochverehrter Freund und Kollege, innigst und lebhaft genug danken, für Ihr schönes sinniges Geschenk! Zuerst muß ich von meiner Freude sprechen, daß Ihre Lebensgeschichte, Ihr so sprechend edles und festes Bild, auf den teuern Kronprinzen einen so tiefen wohlwollenden Eindruck gemacht hat. Beim Könige in Potsdam haben wir begonnen, aus Ihrem ersten Bande vorzulesen. Es ist so selten, daß die, welche Dichter wie Sie, harmonisch begeistert, so unbefangen, einfach und frei Prosa schreiben können. Sie besitzen beide Gaben. Diese Weltumsegelung, schon veraltet, hat durch Ihre Individualität der Darstellung den Reiz eines neuen Weltdramas erhalten.“

Die königliche Anerkennung war für Chamisso doppelt ehrend, weil er niemals Liebediener war und seine demokratischen Ideen nie verleugnete. Um so unbefangener konnte er als Dichter ein fiktives Gespräch führen mit einem dichtenden König, mit Bayerns Landesvater *Ludwig I.* Jenseits der damals häufigen Schmeichelverse für Gekrönte wurde Chamissos Gedicht „Deutsche Barden“ in Bayern als eine charaktervolle Huldigung gerühmt. In 24 Terzinen wird geschildert, wie der Dichter einem einsamen Sänger begegnet, in ihm einen hohen Barden erkennt. Chamisso, der Preuße aus Frankreich, wagt in der Anrede an den Bayernkönig das stolze Wort:

> Ich bin ein Deutscher, so wie du, und mir
> Entströmet der Gesang aus Herzens Grunde
> Um Freiheit, Recht und Glauben, so wie dir.

Die Fiktion endet mit dem Bekenntnis des königlichen Sängers, daß er den freien Dichter beneide, im Volk ein Mensch unter Menschen zu sein und nicht ein Verbannter in einsamer Herrscherhöhe.

Der Sinngehalt dieses erdichteten Gesprächs berührte Chamissos letzte Lebensjahre. Auch ihm nahte die Vereinsamung. Noch gegen Ende 1836 erkrankte seine Frau. Sie starb, erst 36 Jahre alt, am 21. Mai 1837. Als ob *Antonie* ihm nur eine kurze Strecke vorausgegangen sei, sagte sich der Verlassene: „Ich warte nun in Geduld meine Zeit ab.“ Im September schrieb er an den vertrauten Freund in Frankreich: es sei ihm zumute, „als hätte ich für mich selber nichts Besseres zu tun als abzutreten“. Dann – wie so oft in Briefen früherer Jahre – schlug die Stimmung um, von müder Resignation zu wacher Reaktion. Seine Lebensenergie reckte sich: „Angestrengte Geistesarbeit, die unsere Seele auf äußeres Sächliches heftet, das ist die bewährteste Ableitung.“ Fast triumphal meldete er: „Meine Hawaiische Grammatik ist gedruckt!“

Die fünf Wörter markierten den Schluß seiner durch die Weltreise angeregten Forschungen auf vielen Gebieten. Er hatte einst auf Hawaii die Sprache der Insulaner erlernt und sie dann als erster systematisiert und sie in ihrer grammatikalischen Architektur dargestellt. Der geborene Franzose, der in Prosa und Lyrik ein souveräner Meister der deutschen Sprache geworden war, der sich in vielen europäischen Sprachen auskannte, hat sich mit seiner Hawaii-Grammatik als Philologe im Rang eines *Wilhelm von Humboldt* erwiesen.

Chamissos aufflammender Lebenswille entzündete noch einmal die Reiselust. Im Sommer 1837 fuhr er mit der Schnellpost nach Leipzig. Hier wollte er zwei der modernsten Einrichtungen besichtigen: den Druckbetrieb des Verlagshauses *F. A. Brockhaus* und die gerade fertiggebaute Eisenbahnstrecke Leipzig–Dresden. *Brockhaus* hatte in diesen Tagen in achter Auflage den zwölften Band seines Conversations-Lexikons herausgebracht. Chamisso wanderte durch die Magazine, sah die noch unbeschnittenen Buchblöcke gestapelt, roch mit Wollust die frische Druckerschwärze. Hier war das Wissen der Welt gespeichert – Hommage à *Diderot*, den verehrten Landsmann, der die enzyklopädische Welle ausgelöst und damit eine vorher nie gekannte Wissensflut über Europa hatte strömen lassen.

Zeitlebens nahm Chamisso jede Idee des Fortschritts begeistert auf, ob auf politischem, sozialem, wissenschaftlichem oder technischem Gebiet. Vorausschauend erkannte er den Zuwachs an Freiheit, den die neuen Schienenwege dem Volk erschlossen, es mobiler werden ließen, offener für das eigene Vaterland. Die dampfgetriebenen Eisenbahnen und Schiffe nannte er „Flügel der Zeit“. Als er mit der Eisenbahn von Leipzig nach Dresden fuhr, schneller und bequemer als je eine Post die Strecke hatte holpern können, da fühlte er sich beglückt als Zeuge des anbrechenden technischen Zeitalters. Schon sieben Jahre zuvor hatte er im Gedicht „Das Dampfroß“ dieses „Muster der Schnelligkeit“ gefeiert. Jetzt genoß er das geschwinde Vorübergleiten an Bäumen, Wiesen, Häusern, das Hineingleiten in eine neue Ära.

Der letzten Reise des einstigen Erdumseglers folgte ein trübes Jahresende. „Ich bin nur Trümmer meiner selbst“, vertraute er *de la Foye* an. Illusionslos sah er seine beiden großen Passionen verblassen: „Die Botanik hängt am Nagel, die Muse schweigt.“ Am 16. März 1838 schrieb Chamisso seinen bittersten Brief: „Durch chronisches Übel geschwächt“, nicht mehr fähig, das Amt als Kustos des Botanischen Gartens auszufüllen, bat er Minister *von Altenstein* um Versetzung in den Ruhestand. Der Minister bewilligte Chamissos Gesuch und entließ ihn bei voller Weiterzahlung des bisherigen Gehaltes – eine Noblesse, die gleichermaßen den Dichter wie den Staatsmann ehrte. *Altensteins* Entlassungsdekret endete: „Euer Hochwohlgeboren haben vieles und viel geleistet in der Welt und dürfen sich nun wohl gestatten zu ruhen.“

Der allzeit Unruhige zog sich zurück in die Ruhe des Hauses. Die Stille schenkte ein letztes Glück: seine Muse kehrte noch einmal bei ihm ein. Noch einmal schmiegte sich die Feder in seine Hand, und wiederum waren es Lieder seines französischen Lieblingsdichters *Béranger*, die er – fast kinderselig – aus seiner melodischen Muttersprache in die Sprache des erwählten Vaterlandes einstimmte.

Im April schrieb er Abschiedsverse, Zukunftsverse:

Willst deines Hauses Glanz du aufrecht halten?
Laß rosten deiner Väter Schild und Schwert;
Die tun es nicht, die geben nicht den Wert,
Die Zeit ist abgelaufen, wo sie galten.

Das Neue wird. Das Alte muß veralten.
Die Meinung hat im Lichten sich verklärt
Und von der rauhen Faustkraft abgekehrt,
Das Wort ist's, der Gedanke, welche walten.

Vertrauend auf die friedliche Macht des Wortes, hoffend auf tiefere Einsicht der Menschen nach den Katastrophen der Kriegsbrände legte der dichtende Prophet die Feder nieder.

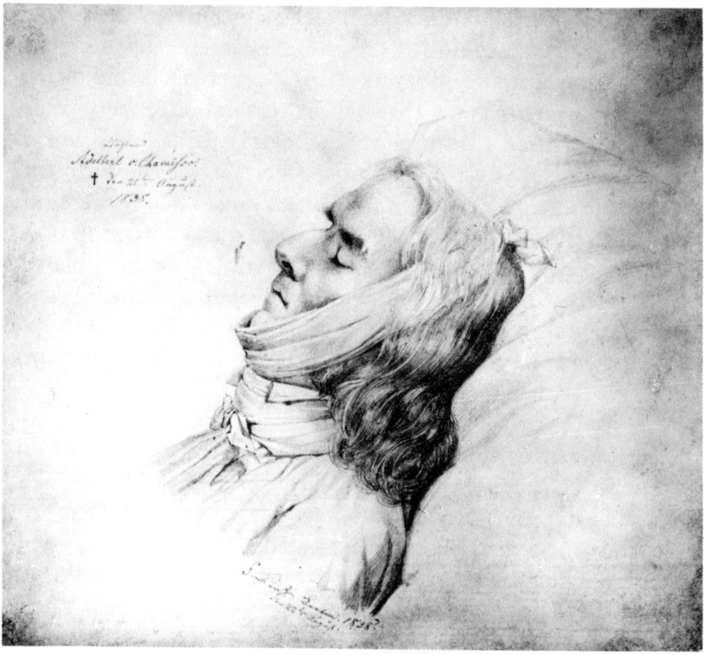

Rechts: Adelbert von Chamisso in seinen letzten Lebenstagen. Stahlstich von *Steifensand* nach einer Zeichnung von Ferdinand Weiss. Oben: Auf dem Totenbett am 22. August 1838. Zeichnung von *Ferdinand Weiss.*

Am 25. Mai 1838 besuchte *Varnhagen* den Jugendfreund und Geistesgefährten. Er fand: „Sein Inneres ist wie vor fünfunddreißig Jahren, als ich ihn kennen lernte." Im Juni nahm Chamisso ahnungsvoll Abschied von *Louis de la Foye*, dem treuen Freund in Caen. Sein letzter Brief (9. Juni 1838) an den Bruder im einstigen Nordsternbund liest sich fast wie ein Rechenschaftsbericht: über seine Krankheit, die Erziehung und das Fortkommen der Kinder, die letzten Arbeiten am Schreibtisch, den literarischen Erfolg. „Zu Geburtstags-, Paten-, Christ- und Brautgeschenken werden in Deutschland jährlich beiläufig 1000 *Uhland* und 500 Chamisso gebraucht."

Zum Schluß berührte er sein liberales Verhältnis zur Religion, sein skeptisches zur Konfession. Er endete mit der Menschheitsfrage, die er nun gelassen als persönliche Frage stellte: „Gibt es keine Fortdauer des Ichs nach dem Tode, wozu dann all das Wesen?" Fast schon an der Schwelle zum Jenseits schloß er den langen Brief mit einem früher nie gebrauchten Gruß: „Ewig Dein Ad. v. Chamisso".

Varnhagen besuchte ihn noch einmal am 20. August. Der sterbende Chamisso erkannte den Freund nicht mehr. Er sprach leise vor sich hin, kein deutsches Wort mehr, sanfte Laute in der Sprache seiner Kindheit. Auf dem Heimweg erinnerte sich *Varnhagen* ihres unbeschwerten Anfangs: „Im Sommer 1803 war, in Charlottenburg, unser erstes Begegnen, wir beide jung, voll Eifer und Lust des Lebens, harrend, was die Welt uns noch bieten würde. Sie hat uns mehr gebracht, als wir damals hoffen konnten, – und doch, wie wenig ist alles, was sie geben kann!"

Adelbert von Chamisso starb am 21. August 1838 in der sechsten Morgenstunde. Er entschlief im Frieden mit sich und der Welt, wie er es vor sechs Jahren vorausgedichtet hatte:

Nichts dem Leben bin ich schuldig.
Stumm, geduldig, trag' ich, duld ich,
Schon im Herzen Todesruh.

Frühmorgens am 23. August wurde er auf dem Friedhof vor dem Halleschen Tor bestattet. Wie früher um den lebenden hatte sich *Eduard Hitzig* jetzt um den toten Freund gesorgt und nahm sich seiner sieben Kinder an. Die Dichter Deutschlands rühmten den Verstorbenen, die Zeitungen widmeten ihm ehrende Nachrufe, und viele Menschen lasen trauernd die Lieder, die der menschenfreundliche Sänger ihnen und uns hinterlassen hat. Doch kein Wort, das nach seinem Tod gesprochen wurde, kann ergreifender am Ende dieses Lebens stehen als die beiden Verse, mit denen Chamisso seine Nachdichtungen *Bérangers* schloß:

Lebt wohl, ihr Lieder, unsre Zeit ist um.
Zu Wintersanfang wird der Vogel stumm.

13 Zeitrosen

Testamentarisch sinnierend hatte Chamisso drei Jahre vor seinem Tod geschrieben: „Ich werde meinen Kindern einen Namen guten Klanges hinterlassen, und das ist ein sichereres Erbe als irgendein anderes.“ Später ergänzte er: „Tüchtigkeit ist das zuverlässigste Gut; das sollen meine Söhne sich erwerben.“ Drei von ihnen wählten den Militärdienst. Einer trat beim Zweiten Garderegiment ein. Der Oberst nahm sich den Neuling vor. *Theodor Fontane* berichtet anekdotisch den Dialog:

Oberst: „Also Chamisso! Was war Ihr Herr Vater?“
Der Sohn: „Dichter.“
Oberst: „Was?“
Der Sohn: „Dichter.“
Oberst: „Dichter? Nu gut, gut. Er muß doch aber was Wirkliches gewesen sein.“
Der Sohn (verlegen): „Mein Vater war auch Landwehroffizier.“
Oberst (beruhigt und beruhigend): „Na sehn Sie!“

Auf der Werteskala des Regimentskommandeurs stand der Offizier obenan. Chamisso hatte es der Mit- und Nachwelt überlassen, wie sie ihn einordnen mochte. Selbstironisch pauschalierte er sich „Konversationslexikonmann“, damit jede Deutung freigebend. Die Dichter vereinnahmten ihn als einen der ihren. Andere sahen ihn – wie sie meinten – mit größerem Recht als Naturwissenschaftler, zumal da er etwa doppelt so viele wissenschaftliche Texte geschrieben hatte als poetische.

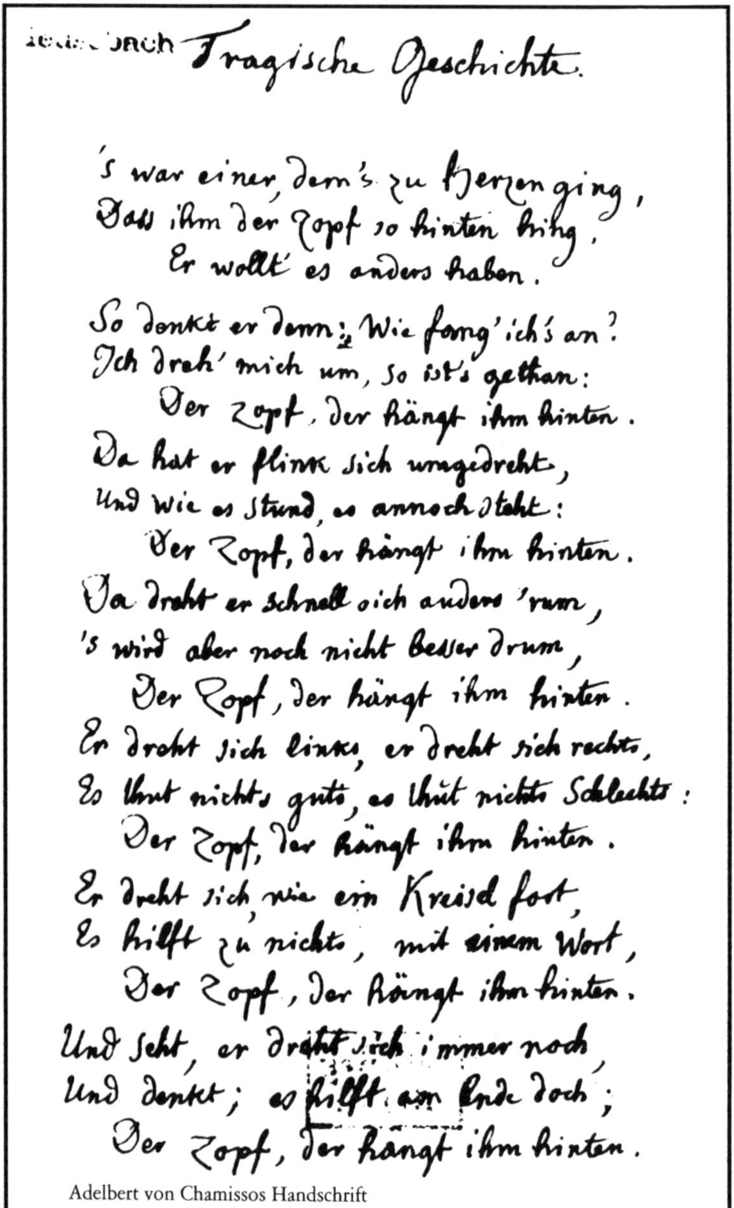
Tragische Geschichte.

's war einer, dem's zu Herzen ging,
Daß ihm der Zopf so hinten hing,
Er wollt' es anders haben.

So denkt er denn: Wie fang' ich's an?
Ich dreh' mich um, so ist's gethan:
Der Zopf, der hängt ihm hinten.

Da hat er flink sich umgedreht,
Und wie es stund, es annoch steht:
Der Zopf, der hängt ihm hinten.

Da dreht er schnell sich anders 'rum,
's wird aber noch nicht besser drum,
Der Zopf, der hängt ihm hinten.

Er dreht sich links, er dreht sich rechts,
Es thut nichts guts, es thut nichts Schlechts:
Der Zopf, der hängt ihm hinten.

Er dreht sich, wie ein Kreisel fort,
Es hilft zu nichts, mit einem Wort,
Der Zopf, der hängt ihm hinten.

Und seht, er dreht sich immer noch
Und denkt; es hilft am Ende doch;
Der Zopf, der hängt ihm hinten.

Adelbert von Chamissos Handschrift

Die Botaniker rühmten ihn als Pflanzenentdecker und Gartenkünstler. Die Zoologen als Spezialisten für Meerestiere, die Ethnologen als Bereicherer der Völkerkunde, die Geologen als Kenner der nördlichen und südlichen Gesteinswelt, die Geographen schließlich als Forschungsreisenden von Rang, dessen Berichte über seine dreijährige Erdumsegelung zum klassischen Bestand der erdkundlichen Literatur zählen. Wer die Bibliographie der wissenschaftlichen Publikationen Chamissos liest, seine Briefe, seine Prosa, seine Gedichte wird den universal gebildeten Mann als Geistesverwandten *Alexander von Humboldts* erkennen. Beider Beziehung beruht auf dem hohen Niveau ihres weitreichenden Wirkens.

Den „Namen guten Klanges" hinterließ Chamisso nicht allein den Nachkommen. Vielen gehört er wie ein Leitwort der Welterfahrung. Wer die Erdenspuren Chamissos sucht, entdeckt auch, wie viele Pflanzen seinen Namen tragen, was für Tiere nach ihm benannt sind, welche fernen Orte an ihn erinnern. Über die Chamisso-Insel westlich von Alaska war schon im Kapitel „Erdumsegelung" zu lesen. In der Südsee liegt Port Chamisso, ein Hafen der Karolinen-Inseln. Im Kapland und auf den Philippinen leben Chamisso-Vögel. Die Polyptera chamissionis, eine Qualle, schwimmt im Atlantik. In Brasilien kriechen zwei nach Chamisso genannte Schlangen durchs Gebüsch, und der Papilio chamissionis, ein Schmetterling, flattert über Blumen und Gräser. Auf der Alëuten-Insel Unalaschka schließlich krabbelt der Carabus chamissionis, ein munterer Käfer, übers vulkanische Gestein.

Viele Blumen wären zu nennen, die auf unserer Erde im Namen Chamissos blühen. Hier nur einige: die Glockenblume auf Alaska, die Lupine in Kalifornien, eine Aster in Chile, das Veilchen auf den Sandwich-Inseln, die Erica chamissionis in Südafrika und eine Hahnenfußart im arktischen Ostasien, der Ranunculus clacialis chamissionis. Den Blumen gesellen sich andere Gattungen chamissionis: das Fingerkraut sowie eine Weiden- und Heidelbeerart auf Alaska, das Wollgras auf Kamtschatka, das Läusekraut und der Steinbrech auf Unalaschka, der

Flachs und eine Linsenfrucht in Chile, das Laubmoos auf den Ratak-Inseln in der Südsee, der Baumfarn auf den Sandwich-Inseln und der brasilianische Kernpilz Xylaria chamissionis. In Kalifornien erinnert an den Botaniker außer den Lupinen der volkstümliche Ausdruck „Chamissatas“ für die kleinen Früchte der Zwergsträucher und der Thymus chamissionis, ein heilkräftiger Thymian. Vor allem aber entdeckte Chamisso hier den Gelbmohn und beschrieb ihn als erster. Er benannte ihn nach *Johann Friedrich Eschscholtz*, seinen Freund auf der „Rurik“-Expedition: „Eschscholtzia californica“. Der Gelbmohn ist heute Kaliforniens Wappenblume.

Chamisso blieb als international geschätzter Wissenschaftler nur den Fachgelehrten bekannt. Er wird zwar lexikalisch auch als Naturforscher erwähnt und biographisch als Kustos des Berliner Botanischen Gartens genannt, doch die allgemeine Bewunderung gilt dem Dichter und darüber hinaus dem Sprachgenie. Als Linguist schrieb er die Hawaiische Grammatik, als Philologe wertete er dänische, isländische, russische, malayische Texte aus, als Übersetzer schlug er Brücken zwischen den Kulturen. Seine Bildung wurzelte in den klassischen Literaturen Griechenlands und Roms. Vertraut waren ihm die modernen Sprachen Europas. Das alles fügt sich wie ein Ruhmeskranz um das einmalig Schöpferische des Chamisso-Lebens. Er lebte sich mit geistiger Liebe so innig in eine fremde Sprache ein, daß er sie zu seiner Dichtersprache erwählen konnte: ein Franzose, der ein Deutscher wurde, ein Deutscher, der ein Dichter war, ein Gleicher unter Gleichen auf dem deutschen Parnaß.

Seit 1985 verleiht die Bayerische Akademie der Schönen Künste jährlich den Adelbert-von-Chamisso-Preis. Die Akademie und das Institut für Deutsch als Fremdsprache der Universität München ehren damit ausländische Schriftsteller unter dem Namen Chamissos, „als dessen Enkel sich jene Autoren betrachten dürfen, die heute als Nichtdeutsche deutsch schreiben“. Sinnvoller kann kaum des Dichters aus Frankreich in seinem erwählten Vaterland gedacht werden.

Adelbert von Chamisso verkörperte und vergeistigte die Harmonie von Poesie und Botanik. In seinen späten Jahren konnte er sagen: „Ich singe noch ein Lied, wenn es mir grad einfällt, und ich sammle sogar diese Zeitrosen zu einem eigenen Herbario, für mich und meine Lieben auf künftige Zeit." Sie blühen bis heute für die Nachgeborenen: Chamissos Zeitrosen.

Literaturhinweise

Adelbert von Chamisso:

Gesammelte Werke. Herausgegeben von Otto Flake. Gütersloh 1964.

Werke. Herausgegeben von Werner Feudel und Christel Laufer. Bibliothek deutscher Klassiker, Band 30 und 31. München 1982.

Gedichte. Leipzig 1834.

Reise um die Welt. Stuttgart 1970.

dto. Frankfurt 1979.

... Und lassen gelten, was ich beobachtet habe. Naturwissenschaftliche Schriften. Herausgegeben von Ruth Schneebeli-Graf. Berlin 1983.

Illustriertes Heil-, Gift- und Nutzpflanzenbuch. Herausgegeben von Ruth Schneebeli-Graf. Berlin 1987.

Ansicht von der Pflanzenkunde und dem Pflanzenreich, 1827. In „Deutscher Geist“, Band 1. Herausgegeben von Oskar Loerke und Peter Suhrkamp. Frankfurt/M. 1953.

Ingeborg Drewitz:

Berliner Salons. Berlin 1979.

Dietrich Fischer-Dieskau:

Texte deutscher Lieder. München 1968.

Theodor Fontane:

Literarische Essays und Studien. München 1974.

Heinz Friedrich:
Chamissos Enkel. Zur Literatur von Ausländern in Deutschland. München 1986.

Julius Eduard Hitzig:
Leben und Briefe von Adelbert von Chamisso. Leipzig 1839.

Eugen Kalkschmidt:
Biedermeiers Glück und Ende. Wiesbaden 1977.

Peter Lahnstein:
Adelbert von Chamisso. Der Preuße aus Frankreich. München 1984.

Preußen, Dein Spree-Athen:
Beiträge zu Literatur, Theater und Musik in Berlin. Herausgegeben von Hellmut Kühn. Hamburg 1981.

Kurt Schleucher:
Das Leben der Amalia Schoppe und Johanna Schopenhauer. Darmstadt 1978.
Alexander von Humboldt. Der Mensch, der Forscher, der Schriftsteller. Darmstadt 1984.

Gerhard Stenzel (Herausgeber):
Die deutschen Romantiker. Salzburg o. J.

Karl August Varnhagen von Ense:
Denkwürdigkeiten des eigenen Lebens. Berlin 1951.
Tagebücher. 15 Bände. Leipzig und Berlin 1861 bis 1905.

Tyler Whittle:
Pflanzenjäger. Die abenteuerliche Suche nach dem Grünen Gold. München 1971.

Zeittafel

1781

31. Januar: Taufe Chamissos auf die Namen Louis Charles Adelaïde. Geburtstag unbekannt. Geburtsort: Schloß Boncourt in der Champagne

1789

14. Juli: Ausbruch der Französischen Revolution

1792

König *Ludwig XVI.* wird für abgesetzt und Frankreich zur Republik erklärt
Flucht der Familie des *Comte de Chamisso* nach Deutschland

1793

König *Ludwig XVI.* und Königin *Marie Antoinette* hingerichtet
Schloß Boncourt, Besitztum der *Familie Chamisso*, von den Revolutionären niedergerissen

1794

Der dreizehnjährige Chamisso schreibt in Düsseldorf sein erstes Gedicht

1796

Über Bayreuth kommt die *Familie Chamisso* nach Berlin. Als Adelbert von Chamisso wird der Fünfzehnjährige Page bei der preußischen Königin *Friederike Louise.* Besuch des Französischen Gymnasiums in Berlin

1797
Nach dem Tod *Friedrich Wilhelms II.* wird sein Sohn *Friedrich Wilhelm III.* preußischer König

1798
Chamisso wird Fähnrich im Berliner Infanterieregiment *von Götze.* Während der Freizeit private Studien der deutschen Sprache und Literatur

1801
Beförderung zum Leutnant. Chamisso füllt sein „Erstes Heft 1801" mit französischen Versen
Frankreichs Erster Konsul *Napoleon Bonaparte* gestattet den Emigranten die Rückkehr. Chamissos Eltern wieder nach Frankreich

1802
Chamisso findet literarisch interessierte Freunde in Berlin: *Karl August Varnhagen von Ense, Julius Eduard Hitzig, Heinrich Julius Klaproth* und andere

1803
Die Freunde schließen sich zum „Nordsternbund" zusammen und veröffentlichen eine Sammlung ihrer Gedichte im „Musenalmanach auf das Jahr 1804"
August Wilhelm Schlegel hält in Berlin seine Vorlesung über romantische Poesie

1804
Napoleon Kaiser der Franzosen
Schiller in Berlin
„Musenalmanach auf das Jahr 1805"

1805
Studium der griechischen Sprache

2. Dezember: *Napoleon* besiegt bei Austerlitz die österreichisch-russische Armee

1806

Chamissos Regiment in der Festung Hameln stationiert
„Musenalmanach auf das Jahr 1806"
Beginn der Freundschaft mit dem Dichter *Friedrich de la Motte-Fouqué*
14. Oktober: *Napoleon* besiegt die preußische Armee bei Jena und Auerstedt
27. Oktober: Einzug Napoleons in Berlin
21. November: Die Festung Hameln kampflos den Franzosen übergeben. Chamisso als Gefangener auf Ehrenwort nach Frankreich

1807

Besuch der Familie in Frankreich und Rückkehr nach Deutschland. Zuerst in Hamburg bei *Varnhagen*, dann beide wieder in Berlin

1808

Entlassung aus dem preußischen Militärdienst mit dem Rang eines Premierleutnants

1809

Begegnung mit *Justinus Kerner*

1810

Reise nach Paris. Dort Begegnung mit *Alexander von Humboldt, Varnhagen von Ense, Ludwig Uhland* und *August Wilhelm Schlegel*
Aufenthalt auf Schloß Chaumont an der Loire bei *Germaine de Staël*
Übersetzung der Vorlesungen *Schlegels* über dramatische Kunst und Literatur ins Französische
Das Staël-Buch „De l'Allemagne" verboten und eingestampft
Gedicht „Der Glücksvogel"

1811

Aufenthalt bei *Madame de Staël* auf Schloß Coppet am Genfer See
Erste botanische Exkursionen

1812

Rückkehr nach Berlin
Immatrikulation an der Berliner Universität

1813

16.–19. Oktober: Völkerschlacht bei Leipzig
„Peter Schlemihls wundersame Geschichte"

1814

Weiterhin intensives Studium der Naturwissenschaften
„Peter Schlemihl" erscheint als Buch in Nürnberg

1815–1818

Teilnahme als Naturforscher an der dreijährigen russischen Erdumsegelung auf dem Expeditionsschiff „Rurik"

1818

31. Oktober: Wieder in Berlin
Dezember: „Erster Bericht über eine Expedition" in Paris veröffentlicht

1819

Chamisso wird seßhaft in Berlin
20. März: Verleihung der Würde eines Doctor honorarius der Philosophie durch die Universität
Zum Kustos am Botanischen Garten ernannt
25. September: Eheschließung mit *Antonie Piaste*
„Über die Gattung Salpa oder über den Generationswechsel"

1820

„Die Pflanzen der Romanzoffschen Forschungsexpedition"
14. September: Geburt des Sohnes *Ernst*
Gelegenheitsgedichte

1821–1827
Reiche wissenschaftliche und poetische Produktion

1822
Geburt des Sohnes *Max*

1823
Exkursion nach Greifswald und Rügen

1824
Wanderung nach dem Harz

1827
Geburt der Tochter *Adélaïde*
„Die Sonne bringt es an den Tag"
„Der Invalid im Irrenhaus"
„Das Schloß Boncourt"

1828
Vortrag vor dem Kongreß Deutscher Naturforscher und Ärzte in Berlin

1829
Geburt der Tochter *Johanna*
„Salas y Gomez"

1830
„Julirevolution in Paris"
Vortrag vor der Versammlung der Deutschen Naturforscher und Ärzte in Hamburg
Geburt des Sohnes *Adolph*
„Frauen-Liebe und -Leben"
„Das Dampfroß"

1831
Cholera in Berlin. Chamisso erkrankt
„Lebens-Lieder und Bilder"
Gesamtausgabe der Lyrik

1832

Hambacher Fest der revolutionären deutschen Demokraten
Redaktion für den „Deutschen Musenalmanach" zusammen mit *Gustav Schwab*
Geburt des Sohnes *Hermann*

1833

Erste Nachdichtungen der Lieder des Franzosen *Béranger*

1834

Zweite Auflage der gesammelten Gedichte

1835

Geburt des Sohnes *Adelbert*
Wahl zum Mitglied der Berliner Akademie der Wissenschaften
Erscheinen der „Reise um die Welt"
Leiden an chronischer Vereiterung der Lunge
Fußwanderung zur Schneekoppe

1836

Kur im schlesischen Bad Charlottenbrunn
Erkrankung der Ehefrau *Antonie*

1837

21. Mai: Tod *Antonies*
„Hawaiische Grammatik"
Reise nach Leipzig. Besuch der Brockhaus-Druckerei
Fahrt auf der neuen Eisenbahnstrecke Leipzig–Dresden

1838

16. März: Gesuch um Versetzung in den Ruhestand
Weitere Nachdichtungen der Lieder *Bérangers*
20. August: Besuch *Varnhagens* bei dem sterbenden Chamisso
21. August: Tod Chamissos

1839

Erste Biographie Chamissos von *Julius Hitzig*

Namensregister

Abraham a Santa Clara 37
Alexander I., Zar 55, 113
Altenstein, Karl Frh. von Stein zum 169
Amundsen, Roald 144
Anakreon 51
Andersen, Hans Christian 160
Banks, Sir Joseph 156
Beethoven, Ludwig van 42
Behaim, Martin 83
Bellerophon 124, 143
Bendel, Diener 103f., 106, 108
Béranger Pierre-Jean de 163, 169
Bering, Vitus 130
Binzemann, Kapitän 135
Bolívar, Simón 113
Blücher, v. Wahlstatt Gebhard Lebe-recht, Fürst 118
Bonpland, Aimé 125f.
Brockhaus F.A. 168
Büchner, Georg 9
Chamisso, Adelbert jun. 164
Chamisso, Adolph 159
Chamisso, Antonie 152, 154, 167
Chamisso, Charles 17
Chamisso, Ernst 165
Chamisso, Hermann 163
Chamisso, Hippolyth 17, 83
Chamisso, Comte de Louis Marie 7, 11, 14, 17
Chamisso, Madame la Comtesse de 17
Cohen, Bankier 35
Columbus, Christoph 135
Compieu, M., Erzieherin 12, 19
Cook, James 130, 132, 135f.
Cuvier, Georges des 156
Demosthenes 51
Diderot, Denis 9, 11, 25ff., 52, 85, 168
Dümmler, Ferdinand 155, 158
Dürer, Albrecht 83
Duvernay, Ceres 35f.
Eschholtz, Johann Friedrich 125f., 129, 133, 135, 140, 142, 175
Euripides 51
Fanny s. Mina
Fichte, Joh. Gottlieb 41, 50, 113
Fontane, Theodor 173
Forster, Georg 86, 157, 164
Fouqué , Friedrich de la Motte- 9, 56f., 75, 80, 81, 87, 90, 98, 100f., 112, 137
Foye, Louis de la 32, 34, 46, 49f., 73, 81, 98, 108, 114f., 149, 152, 154, 159, 161, 163, 165, 169f.

Franz I., Kaiser v. Österr. 55
Freiligrath, Ferdinand 9
Friederike Louise, Königin 7, 18f., 22, 100, 150
Friedrich II. 17, 23f., 26f., 46, 62ff., 70
Friedrich Wilhelm II. 17ff., 150
Friedrich Wilhelm III. 19, 45, 62, 79, 113
Friedrich Wilhelm IV. 159, 166
Gama, Vasco da 135
Gargan, Marie Anne, Gräfin 17
Gmelin, Johann Georg 131
Gneisenau, Aug. Wilh. A., Graf Neidh. v. 66, 161
Goethe, Johann Wolfgang v. 16, 33, 45, 47, 107, 110, 149
Götze, Regiment von 50, 53, 56
Grimm, Brüder 105, 162
Hardenberg, Karl August Fürst von 114, 155
Hauptmann, Gerhart 109
Hebel, Johann Peter 48
Hegel, Georg Wilh. Friedr. 161
Heine, Heinrich 48
Herder, Joh. Gottfried 39, 47
Herwegh, Georg 9
Herz, Henriette 41f., 44, 50, 80, 96, 100
Hitzig, Julius Eduard 34, 40, 46ff., 67, 71, 77, 80, 83ff., 87, 93f., 96f., 100f., 106f., 114ff., 122f., 126f., 129, 137, 142, 145, 147ff., 152, 154f.
Hölderlin, Joh. Christ. Friedr. 83
Hoffmann, E. T. A 9, 118, 137f.
Homer 51
Huch, Ricarda 9
Humboldt, Alexander v. 12, 17, 41, 48, 85f., 91, 98ff., 107, 113, 125ff., 146f., 156ff., 164, 166, 174
Humboldt, Wilhelm v. 41, 48, 97, 114, 127, 151, 168
Iffland, August Wilhelm 44f.
Isabella v. Spanien 83
Itzenplitz, Frh. von 101
Kadu 140
Kant, Immanuel 13, 144
Karl August, Herzog 45
Kastalia, Nymphe 91
Kerner, Justinus 82f., 88, 101, 105f.
Klaproth, Heinr. Julius 34f., 47, 131
Kleist, Heinrich v. 38
Klopstock, Friedrich Gottlieb 30, 32f., 38f., 43, 46f.
Koenig, Friedrich 114
Kotzebue, August v. 117, 121, 149ff., 164
Kotzebue, Otto v. 121ff., 129, 132ff., 138, 140, 142ff., 147, 149f., 157, 164
Krusenstern, Joh. Adam v. 117, 121, 123, 133
Kunth, Carl Sigismund 101
Leibniz, Gottfr. Wilhelm 27
Lessing, Gotth. Ephraim 13, 47
Levin, Rahel s. Varnhagen
Lichtenstein, Heinrich 100f., 115ff.
Linné, Carl von 107
Li-Tai-Pe 35
Louis Ferdinand, Prinz 62
Louis Philippe v. Frankreich 161
Ludwig I. v. Bayern 167
Ludwig XVI. 11, 14
Luise, Königin v. Preußen 45
Magellan, Fernando de 135
Marie Louise 89
Martius, Karl Fr. Philipp 128
Maximilian, Kaiser 83
Metternich, Clemens Wenzel, Fürst 151
Mina (Fanny) 104, 106

Montmorency, Matthieu de 90
Motte-Fouqué siehe Fouqué
Müller, Johannes 50
Mundt, Leopold 143
Napoleon Bonaparte 8, 21, 32, 42, 46, 49, 53, 55, 60, 62 ff., 66, 88 f., 91 ff., 97, 99, 110, 113, 117 f., 124, 134, 141, 144, 150
Nelson, Horatio, Viscount 21
Odysseus 96, 146
Pallas, Peter Simon 131
Peary, Robert Edwin 138
Piaste, Antonie s. Chamisso
Pius VII. 113
Récamier, Juliette 90, 132
Romanzoff, Graf v. 121, 136
Rousseau, Jean Jaques 9, 11 ff., 22 f., 25, 28, 40, 138
Rudokoff, Gouverneur 130 f.
Sabran 9
Sachs, Hans 83
Sand, Karl Ludwig 149
Schiller, Friedrich 32 f., 43 ff., 48, 50
Schlegel, August Wilhelm 8 ff., 41 ff., 95
Schleiermacher, Friedr. Ernst Daniel 50
Schrag, Leonhard 114
Schulenburg, von der 63
Schumann, Robert 160
Schwab, Gustav 163
Seume, Johann, Gottfried 151
Sigismund, Kaiser 82
Spix, Johann Baptist 128
Staël, Germaine de 8, 42 f., 46, 89 ff., 100, 113 f., 132, 142, 150
Steller, Georg Wilhelm 130 f.
Stephenson, Georg 114
Theremin, Franz 34, 46
Tieck, Ludwig 9
Uhland, Ludwig 88, 105, 170
Varnhagen von Ense, Karl August 7, 34, 38 ff., 47, 51, 55 ff., 59 f., 62 f., 65, 70 f., 75 f., 78 f., 81 f., 88, 90, 100, 114, 117 f., 154, 170
Varnhagen von Ense, Rahel 114
Varnhagen von Ense, Rosa Maria 76 ff., 81 ff., 87, 89, 95, 98 ff., 111
Voltaire 9, 11, 23 ff., 28, 52
Weise, Amalia (Schoppe) 76 f., 82 f.
Wellington, Arthur Wellesley, Herzog von 118
Wells, H. G. 11
Wied-Neuwied, Max v., Prinz 116
Wieland, Christoph Martin 47
Wittgenstein, russ. General 150
Xenophon 51

~~14.50~~ 1.99